U0004937

個人旅行主張

有人在旅行中享受人生，
有人在進修中順便旅行。
有人隻身前往去認識更多的朋友，
有人跟團出國然後脫隊尋找個人的路線。
有人堅持不重複去玩過的地點，
有人每次出國都去同一個地方。
有人出發前計畫周詳，
有人是去了再說。
這就是面貌多樣的個人旅行。

不論你的選擇是什麼，
一本豐富而實用的旅遊隨身書，
可以讓你的夢想實現，
讓你的度假或出走留下飽滿的回憶。

有行動力的旅行，從太雅出版社開始。

太雅

個人旅行
42

大連・哈爾濱
附長春・瀋陽

DALIAN·HARBIN

文字・攝影◎陳玉治

太雅

個人旅行 *42*

大連‧哈爾濱 附長春‧瀋陽

目錄

作者序

「高粱肥、大豆香」這是著名的抗戰歌曲「松花江上」中，對於中國東北土地肥沃的描寫。東北三省自十七世紀開始，就是列強爭奪的舞臺，從最早的俄羅斯，到後來的日本，這兩個國家先後控制東北，長達數十年。當然最早這裡也是女真人，也就是後來的滿州人的龍興之地，漢族與滿族在這裡征戰多年。在宋朝時，這裡曾經建立過強大的金國政權，明朝末年滿人更是大舉入關，建立清朝，統治了中國兩百多年。走入近代之後，日俄兩國為了爭奪這片土地，曾經爆發過「日俄戰爭」；二次大戰期間，日本扶植的傀儡政權「滿州國」，操控清朝的末代皇帝溥儀當攝政。特殊的歷史背景、滿族文化加上日俄的多年統治，為這一片肥沃大地，帶來了與中國大陸其他地方不同的文化風貌。

東北在中國共產黨建國之後，由於豐富的天然資源，變成大陸的重工業基地，鋼鐵、汽車、石油等工廠林立。在旅遊方面，從位於渤海邊的海港城市大連、滿清的故都瀋陽、滿州國的首都長春，到俄羅斯控制東北的中心哈爾濱，這4個東北城市呈現出各種不同的風貌，這也是旅遊東北時最令人驚艷的地方。

自從改革開放之後，東北四大城利用本身特有的文化與地理背景，發展出不同的旅遊特色，而有了夏天遊大連，冬天遊哈爾濱的口號。原因是大連靠海，適合夏天的海邊活動，而冬天冰雪覆蓋的哈爾濱，則發展出著名的冰雪節活動。其實一年四季到中國東北旅遊，都有不同的風味與樂趣。

倒是進入二十一世紀後，中國大陸的發展更為突飛猛進，目前東北四大城市都在積極建設地鐵，市區裡奢華的百貨公司四處林立。但是不可避免的，當地物價也快速上漲，在飲食與交通等方面的花費，已經不下於台灣。尤其哈爾濱冰雪節的三大活動，門票都在人民幣200元以上，與以往物美價廉的印象已大大不同。

陳玉治

關 於 作 者

文字‧攝影──陳玉治

陳玉治，西元1961年生，政大新聞系畢業，美國密西西根州立大學大眾傳播學院廣告學碩士。曾經是兩屆董顯光新聞獎學金得主。評論與旅遊寫作散見於《聯合報》《自由時報》《中國時報》，及《時報周刊》《TVBS週刊》《ELLE》等相關旅遊雜誌。曾在太雅出版社的報導文學書系【旅行夢想家】出版過兩部作品：探索七大州的《縱橫七海》、北海道小鎮故事《鯡魚不再來》，以及個人旅遊《北京》《廣州‧深圳‧珠海》《蘇州‧杭州》《大連‧哈爾濱‧瀋陽》《西安‧兵馬俑‧華山》《華盛頓‧費城》《橫濱‧箱根‧鎌倉》《沖繩》《廣島‧大阪‧名古屋》《開始聰明遊大陸》《夏威夷》《小三通：金門‧廈門》《上班族的五道財務防線》等暢銷書。

陳玉治旅行經驗豐富，不斷嘗試新的挑戰，而且很有計劃地完成各種旅行夢想；不論是用文字記錄旅行、還是透過攝影鏡頭捕捉畫面，都有極為專業的水準。

如何使用本書

這本書希望做到的，是讓使用的讀者不只可以「行前充分瞭解屬於當地生活的基本資訊，還可以「設計規劃行程」「完成住宿的選擇與安排」。書裡的單元，依照使用的場合和時機，可以簡單用下列方式來分：

文化采風

各城市單元開版　索引小目錄

熱門景點　　　城市分區地圖

逛街購物　　　　　　　住宿情報

美食推薦　　　玩家交流

旅行小抄　知識充電站

內文資訊符號

 地址

 前往方法

 營業開放時間

 電話

 價格費用

http websit

FAX 傳真

MAP 地圖

休 休息公休日

! 私房推薦

★ 星級

房間數

硬體設施

地圖資訊符號

 旅遊景點

 購物商店百貨公司

 餐廳

 旅館住宿

 電車地鐵・捷運

 巴士站快軌站

編 輯 室 提 醒

出發前，請記得利用書上提供的data再一次確認。

每一個城市都是有生命的，會隨著時間不斷成長，「改變」於是成為不可避免的常態，雖然本書的作者與編輯已經盡力，讓書中呈現最新最完整的資訊，但是，我們仍要提醒本書的讀者，必要的時候，請多利用書中的電話及網站，再次確認相關訊息。

資訊不代表對服務品質的背書。

本書作者所提供的飯店、餐廳、商店等等資訊，是作者個人經歷或採訪獲得的資訊，本書作者盡力介紹有特色與價值的旅遊資訊，但是過去有讀者因為店家或機構服務態度不佳，而產生對作者的誤解。敝社申明，「服務」是一種「人為」，作者無法為所有服務生或任何機構的職員背書他們的品行，甚或是費用與服務內容也會隨時間調動，所以，因時因地因人，可能會與作者的體會不同，這也是旅行的特質。請讀者培養電話確認與查詢細節的習慣，來保護自己的權益。

謝謝眾多讀者的來信。

過去太雅旅遊書，透過非常多讀者的來信，得知更多的資訊，甚至幫忙修訂，非常感謝你們幫忙的熱心與愛好旅遊的熱情。歡迎讀者將你所知道的變動後訊息，提供給太雅旅行作家俱樂部taiya@morningstar.com.tw

太雅旅行作家俱樂部

文化采風

第十二屆哈爾濱冰雪大世界

THE 12TH HARBIN ICE AND SNOW WORLD

哈爾濱冰雪節
家喻戶曉，寒冷的冰雪樂園

中國東三省因為冬天氣候寒冷，曾經被稱為「北大荒」，用以形容遍地冰封的酷寒景象。但是豐富的冰雪雖然給生活帶來不便，卻也成了冬天吸引遊客的賣點，從西元1985年哈爾濱市政府開始使用這些隨處可得的冰雪，做成冰燈與雪雕，開始舉辦哈爾濱冰雪節，後來逐漸變成著名的旅遊活動，現在則號稱是世界三大冰雪節慶之一。

哈爾濱冰雪節的活動場地，包括兆麟公園冰燈藝術博覽會、太陽島雪博會與冰雪大世界三個地方。三者之中兆麟公園的冰燈會展出以晚間的冰燈為主，歷史最悠久。太陽島雪博會則以大型雪

太陽島雪博會各式雪雕

雕為主，每年還邀請各國好手進行雪雕競賽。冰雪大世界則是白天的雪雕與晚上的冰燈都有，規模最為盛大，但是票價也最貴。

哈爾濱冰雪節由於是中國大陸最著名的冬天觀光活動，因此歷年來門票不斷飆漲，目前三個

冰雪大世界白天景象

主要的活動場地光入場就要數百元人民幣，已經變成昂貴的遊樂。三者當中冰雪大世界由於占地大，人氣也最旺，但是距離哈爾濱市區較遠，特別在遊客最多的新年與春節假期裡，時常會叫不到計程車。兆麟冰燈會裡史最久、規模最小，但是就位在市區當中，從熱鬧的中央大街徒步就可前往。至於太陽島雪博會與冰雪大世界一樣交通不便，至於這裡的雪雕展出，以白天參觀為主，一入夜就關園了！

哈爾濱冰燈遊園會景觀

太陽島雪博會內雪人

冰雪世界比一比

兆麟公園冰燈藝術博覽會(P98)	歷史最悠久，以晚間冰燈為主
太陽島雪博會(P95)	大型雪雕為主
冰雪大世界(P96)	占地最廣，人氣最旺，冰燈雪雕皆有

熱門 冬季戶外活動
冰上花樣多，越冷越好玩

除了靜態的參觀冰雪節活動之外，東北人也善於利用者種冰天雪地的環境，發展出不同的玩樂型態。在東北的熱門冬季戶外活動，包括下列幾項。

滑雪 冬季最夯

滑雪幾乎是所有寒帶國家都流行的冬天戶外活動，在中國東北也不例外，只要有足夠的積雪，加上和緩的坡道，就可以變成一座滑雪場。甚至有些地方，雖然溫度夠低，但是因為降雪量不足，還進行人造雪的作業。

在東北一般對外開放的滑雪場地，都會提供滑雪板與滑雪杖等

滑雪裝備讓遊客租借，對於沒有滑雪基礎的遊客，有些滑雪場還會提供教練，進行現場教學。

滑雪圈 簡單就上手

滑雪是很有趣的冬天運動，但是一般人要學會這項運動需要一段時間，這時在東北的許多滑雪場會提供像輪胎一樣的滑雪圈供

遊客遊玩。玩滑雪圈不需要任何技巧，只要坐在滑雪圈空心的中央，然後由坡道上往下滑就可以了！

由於滑雪圈裡面充有空氣，因此玩起來相當安全，就算一般的碰撞也有緩衝。而且滑雪圈從上滑下的速度也很快，刺激感不亞於滑雪。

雪橇 馳騁冰原很刺激！

　　雪橇是另外一項在寒帶國家常看得到的交通工具，在外國早期的圖片裡，常可看到用馬或是鹿來拉動的雪橇，不過目前東北遊樂用的雪橇，大多是冰上摩托車，或是冰上吉普車來拉動。這種遊樂用的雪橇，速度很快，坐起來很刺激，而且一路颳起的冰雪還會打到臉上。

　　另外一種常見的小雪橇，是由狗來拉動，不過由於狗的體力不大，這種狗拉雪橇大多由小朋友來乘坐，也是一種難得的冰上體驗。

冰車 情人最愛

　　冰車是一種類似雪橇的乘坐工具，體積比雪橇要小，通常由一個或兩個人坐在上面，兩隻手用鐵杖推動冰封的地面前進。冰車在中國大陸是很常見的冬天娛樂，不僅在東北結冰的江面，就是在北京冬天結冰的公園水池裡也常可看到。

　　除了一般玩樂外，一些當地的情侶也喜歡坐在一起玩冰車，你儂我儂的很容易增進情感。

冰上腳踏車 你沒看過的冰刀單車

在東北冰封的大地上，還可以看到一種台灣很少看到的冰上腳踏車。這種腳踏車的後半部和一般腳踏車一樣，都有後輪與座椅，但是前輪卻拿掉做成冰刀狀，很適合在結冰的地上騎乘，也是頗有人氣的冬天娛樂工具。

冰上陀螺 冰場上的童年快樂

在東北冬天有幾個月的雪季，在地面結冰的地上特別濕滑，在冰上打陀螺可以滾得更久，因此冬天裡玩冰上陀螺也是東北冬天熱門的娛樂。不過在冰上玩的陀螺，大多是金屬製造，用來增加陀螺的重量，與台灣常見的木製陀螺外型不太一樣。

旅行小抄

如何在雪地走路？

在冬天從亞熱帶的台灣，來到冰天雪地的東北，氣溫下降的幅度很大，除了需要注意身體的保暖之外，還要練習在雪地走路的技巧。

有許多讀者會覺得奇怪，大家都是從小走路到大，為什麼到了雪地還要練習走路？原因是下雪過後，地面濕滑，尤其地面結冰之後，走在路上就像在溜冰場上，一不小心就會摔跤，沒有注意的話很容易摔得鼻青臉腫，嚴重的話還會造成腦震盪。

裝備的選擇：在雪地走路首先要做好保暖的準備，因為東北冬天時氣溫時常較降到攝氏零下2、30度，因此衣服褲子厚度要夠，頭上要戴好厚帽子才能避免失溫。在鞋子方面要選穿皮面夠厚，而且有釘齒與凹槽的鞋底，這樣抓地力比較好，而且在嚴寒的天氣裡不容易因為氣溫變化爆開。

厚帽子

手套

厚皮面鞋子

旅行小抄

走路的姿勢與技巧：其次在走路技巧上，要小步走，不要大跨步走，這樣遇到打滑時，比較容易抓回平衡。此外走路時要鞋底打平走路，而不要踮腳走，因為這樣接觸地面的面積較大，走起來比較平穩。最後在走路時，雙手要戴手套，隨著腳步走左右搖擺，而不要插在口袋裡。這是因為在摔跤時，雙手在外容易反應，插在口袋裡反而不容易伸出來。

跌倒也要跌得有技巧：其實雪地濕滑，別說是外地遊客，有時候當地人不小心也會跌個四腳朝天。除了上述的走路技巧外，當遇到雪地跌跤也有一個竅門，就是要向前跌，而不要向後倒。因為向前跌可以看到前方的狀況，方便用雙手即時做出反應與防護；但是向後倒時，因為看不到後面的景象，一不小心就容易撞成腦震盪，或造成骨折。

雪地走路姿勢示範

**小步走，
鞋底打平**

**勿踮腳，
手不能放
口袋**

攝影器材的保暖

在雪地生活，除了人的身體容易失溫之外，電池的電力也耗損得很快，因此最好多準備幾顆備用電池，其中鋰電池的耐久性，又比鹼性電池與碳鋅電池要好一些。此外相機不照相的時候，放到包包裡，裡面再放個暖暖包，可以讓電池的耗損慢一些。不過要注意的是，因為東北戶外雖然是冰天雪地，但是室內大都開有溫暖的暖氣，在進出之間由於溫度差異很大，有時候鏡頭表面會起霧，必須稍待幾分鐘讓霧氣自然散去，才不會影響拍照成果。

四季大東北
四時景不同，樂趣亦無窮

　　大陸的東北人時常有這麼一種說法：「冬季遊哈爾濱，夏季遊大連」。原因是冬天時，哈爾濱因為氣候寒冷，當地政府運用氣候特色，推出哈爾濱冰雪節，目前已經成為家喻戶曉的冬季活動。至於大連，由於郊區的海岸有許多優質的海水浴場，所以成了許多東北人享受夏日陽光與海洋的所在，因此夏季成了大連的旅遊旺季。

吉林霧松奇景

　　除了哈爾濱的冰燈之外，吉林的霧松也是一項自然奇景。霧松因為冬天河川的溫度比起氣溫要高，由於溫度的差別，致使水氣上升，結果在樹枝上凝成結晶成形，目前也成為吉林省發展觀光的一大資源。

吉林霧松奇景／洋洋旅行社提供

大連觀光活動

不管是冬季或是夏季，其實在地大物博的大陸東北，四季都是觀光的好季節。以東北的門戶──大連來說，5月底、6月初槐花盛開，滿城飄香，是大連賞槐會的日子；7月更有消暑的啤酒節。9月份則有目前已經做出口碑人氣的大連國際服裝節，10月最後一個禮拜天則有大連國際馬拉松賽。

不過在節慶時期雖然熱鬧，而且活動眾多，但是相對的住宿費用會提高數倍，交通安排也不容易。遊客不妨善加運用淡季期間，配合低廉的旅館房價，與較為舒緩的交通狀況，照樣可以擁有一趟舒適愉快的東北之旅呢！

❶大連海邊的夏季戲水人潮
❷大連國際服裝節
❸哈爾濱消暑美食節
❹大連星海廣場啤酒節

特殊*伴手禮*
東北有三寶，人蔘、貂皮、鹿茸角！

俗話說東北有三寶——人蔘、貂皮、烏拉草，其中三寶中的烏拉草，原來是窮人家用來墊在鞋底作防寒之用；因為經濟情況的改善，目前已經很少人這樣做，所以烏拉草這幾年逐漸被鹿茸取代，成為三寶之一。

大陸東北的面積遼闊，但是因為氣候寒冷，開發的時間較晚，所以除了東北三寶之外，可以供購買作為紀念品的項目並不多，以下分別簡單介紹以供參考：

人蔘 新三寶之一

生長在長白山上的野山人蔘，近年來由於人為的開發，數量越來越少，價格也甚為昂貴。目前在東北市面上可以買到的，多以人工栽培的為主。除了本地產的人蔘之外，現在一般店家也販售來自韓國的高麗蔘與美國的西洋蔘，價格差別很大，所以遊客購買時必須小心。

貂皮 新三寶之一

貂皮是指野生雪貂的皮草，以往是由獵人到森林裡狩獵所得，目前則以人工圈養的為主。近幾年由於經濟發展迅速，物價連翻上漲，貂皮已經不如以往便宜。譬如一件女性的貂皮大衣，目前可以賣到兩萬塊人民幣，約合新台幣8萬多元，已經接近台灣的水準，所以到東北去買貂皮，似乎已經失去了必要。倒是一條數百元的貂皮圍巾，還可以買來當紀念品。

鹿茸 新三寶之一

鹿茸是由梅花鹿的初生鹿角所製成，一般用來泡酒飲用，是鹿茸酒的主要原料。原本東北的森林裡與草原上可見野鹿成群，不過由於人

為的開發，現在野鹿的數量並不多；目前，鹿茸的取得以馴養的鹿隻為主。鹿茸的品質由於差別甚大，所以每家店的喊價差距很遠，從便宜的幾十元一盒，到極品的上萬元都有；選購時必須非常小心，而且要了解殺價的技巧。

猴頭菇 東北菜餚必備

　　猴頭菇是一種生長在樹幹上的蕈類，由於外型看似猴子的頭，所以得名。由於東北是猴頭菇的產地，所以許多推出東北菜的餐廳，都有猴頭菇這道菜。此外，乾燥的猴頭菇在一些特產店也有販賣，買回家之後只要泡水發起，就可以用來炒菜，是一項蠻特殊的紀念品，也可以當成送人的伴手禮。

俄羅斯娃娃 熱門商品

　　由於鄰近俄羅斯，東北與俄羅斯的相對貿易非常旺盛，一些俄羅斯的商品在東北的商店裡也很常見，最著名的俄羅斯娃娃就是其中之一。不過由於是熱門商品，所以也有出現大陸本地仿製的娃娃，在購買時要格外小心。

　　這種以白樺木做成的娃娃，在本地稱為「套娃」。形式上有兩種，一種是娃中有娃，從裡到外依照大小，分別有5～20套的套娃。另一種則是做成不倒翁的樣子，搖動的時候還會有叮噹的響聲，相當有趣，但是不能拆開。一個套娃的價格依照做工粗細與原料的好壞，價格從本地產的幾塊人民幣，到俄國進口精工細製的幾千元人民幣都有。

滿州國貨幣 紀念商品

　　滿洲國是日本帝國在九一八事件之後，所一手扶植的魁儡政權，並由末代皇帝溥儀攝政。目前在長春──也就是滿洲國時期所稱的新　，仍然有許多偽滿時期的建築物與宮殿。在一些偽滿景點的紀念品店中，賣有滿洲國時期的錢幣鈔卷；由於滿洲國在二次大戰之後，便從歷史上消失，這些鈔卷令人有一窺歷史的感覺，是很好的紀念品。

東北美食薈萃
山珍海味皆豐富，各系美食任君挑

山東菜、滿洲菜、朝鮮菜與俄羅斯菜各擅其長，競相在食客味蕾上爭艷。傳統上，東北是滿洲人的世居之地，近代有來自山東的漢人移入墾植，再加上位於韓國與俄羅斯交界，所以東北的飲食文化，呈現出多樣化的風貌。以漢人飲食來說，東北由於以山東移民為主，所以菜系上受到魯菜(山東菜)的影響最深；此外滿洲菜、朝鮮菜與俄羅斯菜，在這裡也各有市場。

在食材方面，由於遼寧省靠海，吉林與黑龍江省位居內陸，又有長白山為倚仗，所以山珍海味的食材供應豐富，遊客可以體會與亞熱帶菜色完全不同的飲食經驗。

飛龍

飛龍是一種野生的花尾榛雞，體重約300～400公克。因為牠生長在東北的森林之間，時常啄食枸杞等中藥，所以肉質清甜、營養價值高。在東北，飛龍一般是做成清湯食用；另一種吃法則是用錫箔紙包好之後，燒烤來吃。一些餐廳更是推出「飛龍宴」，可說是集東北山珍之大全。

熊掌

熊掌就是大狗熊的足掌，這是自古中國料理中，著名的山珍之一。目前熊掌基本上都是來自人工畜養的狗熊，這些熊主要的經濟價值在提取膽汁，熊掌則是宰殺之後的重要產品。

飛龍宴

旅行小抄

熊掌的主要成分是膠質，由於野生的熊喜歡吃蜂蜜，吃完之後又喜歡舔自己的右手掌，所以傳說中，熊的右掌最為肥厚甜潤。不過熊掌的烹煮不容易，現在許多餐廳師傅直接取用豢養的熊掌烹調，腥味甚重，其實並不可口。

鹿肉

鹿肉一般是指野生梅花鹿的肉，但是因為東北開發之後，野生鹿肉不常見，目前是以圈養的鹿為主。鹿肉的做法有很多種，包括炭火串烤、鐵板燒、生炒等，由於鹿肉料理在東北很常見，所以價格並不貴。

鐵板鹿肉

海味

海參

大連附近的海域水質清澈、氣溫適中，是海參的重要產地。這裡所產的刺參質地優良，清脆可口。此外，有一種五行參，比一般海參多出一行刺，稱為「參中之王」，更是上品。海參的做法包括紅燒、清燉、燴煮等，依照做法的不同，也會影響到最後的口感。

海膽

海膽在東北話裡稱為「刺鍋子」，其中大連是中國大陸最主要的產地。海膽最簡單、也最可口的吃法，就是直接剖開生吃。至於吃的部分則是內部黃色的卵巢，味道清甜鮮美。

對蝦

對蝦是一種海蝦，因為公母時常成雙成對出現，所以被稱為對蝦。大連就是大陸重要的對蝦產地，尤其以春天的對蝦，品質最佳。對蝦的肉質鮮甜甘美，做法上大都以水煮或清蒸來料理。近年由於大陸經濟繁榮，對蝦的價格也隨著水漲船高，目前中等大小的對蝦，1斤價格約要幾十元人民幣；但是大型的對蝦，每斤叫價就要數百元人民幣之多。

扇貝

扇貝中的肉柱，就是台灣常吃的海鮮乾貨干貝，因為外型有如折扇一樣的外殼，故稱為扇貝。新鮮的扇貝做法很簡單，不管是蒸、煮或烤，只要加一點鹽或醬油就很美味。

海螺

大連附近的海域由於水質潔淨，而且水溫較低，因此也盛產海螺。目前海螺在大連的一般餐廳裡，都是養在水箱裡的活海螺，吃法上有火烤、清蒸、薑汁拌炒，或是做成鐵板螺片等。

海蠣子

海蠣子就是牡蠣，也就是台灣所說的蚵仔。大連附近海域是牡蠣重要的產地，不過這裡所產的牡蠣體積不大，大小與台灣產的差不多。由於大連的海邊就是產地，所以有時候在漁村附近，可以用非常低廉的價格，買到鮮活的海蠣子。筆者在金石灘用餐時，就有附近漁村的老太太來兜售剛煮好的帶殼海蠣子，一大包的塑膠袋裝才賣人民幣5元，真是物美價廉。

當地風味菜導覽

東北燉菜

由於早期開發東北的漢人大都來自於山東，所以中國四大菜系之一的魯菜(山東菜)，就成了東北菜的基礎之一；尤其以魯菜中著重湯鮮味美的燉煮方法，更成了東北菜的主流。因此來到東北，沒有嘗過東北燉菜，總是有入寶山空手而回的遺憾。其實東北燉菜的學問不大，就是把一些不同的食物，就地取材的放到鍋裡去燉；但是有些食材搭配出來的味道，還真是可口。著名的東北燉菜包括海鮮燉白菜、小雞燉蘑菇等。

白肉血腸

白肉血腸可以說是一道最道地的東北菜，這道料理原來是滿洲人在祭祀時的祭品，現在則流行於東北各處。白肉血腸的做法是將新鮮豬血，加入蔥、薑、蒜、鹽、味精等調味品，然後灌入豬腸中蒸煮；再將帶皮的肥豬肉水煮切成薄片。吃的時候可直接擺盤食用，或放入酸菜火鍋中當成材料，不過由於血腸的腥味頗重，有些人並不一定敢吃。

朝鮮冷麵與烤肉

朝鮮冷麵就是在台灣的韓國料理店也吃得到的韓國涼麵。由於朝鮮族是東北少數民族的一支，所以朝鮮料理在東北地區很盛行，朝鮮冷麵與烤肉可以說是經濟實惠。朝鮮冷麵的麵條韌勁足，湯汁清涼鮮美，而麵湯裡都會放上一塊西瓜，是一大特色。

旅行小抄

朝鮮烤肉就是台灣流行的韓國烤肉，不過台灣的韓國烤肉以鐵盤烤肉為主，東北則流行用小火爐直接在炭火上燒烤。烤肉的原料兩地相差不多，包括有醃牛肉、牛小排、排骨與海鮮等。

大列巴麵包與魚子醬

由於受到俄羅斯多年統治的影響，大陸東北尤其在哈爾濱市，還保留有許多俄羅斯的傳統食品，其中最典型的就是大列巴麵包與俄式紅腸。大列巴是一種俄羅斯傳統的麵包，體積很大，做好的麵包有鍋蓋那麼大，重量更可以達到2公斤。大列巴麵包的製作，需要獨特的碳烤技術，成品散發出一種獨特的麵麴香味，以哈爾濱秋林公司生產的大列巴麵包最為出名，哈爾濱市一些俄式西餐廳裡都可以吃得到。

旅行小抄

搭配大列巴麵包的佐料，以魚子醬最為高級。東北的魚子醬製作技術，也是承襲自俄國，但是這裡沒有產鱘魚，因此材料是以本地黑龍江的鮭魚(東北人稱為大馬哈魚)為主。紅色的魚子醬是將鮭魚子加鹽醃製而成，這種吃法在台灣的日本料理餐廳也常吃得到。

俄式紅腸

俄式紅腸也是俄羅斯統治東北的飲食遺風，這種香腸的製作與傳統中式香腸的做法不同：肉質絞得很細，而且需要經過一定的發酵時間，所以與中式香腸的口味大異其趣。俄式紅腸可以在一些俄式西餐廳吃到，也可以在市場中購買。

玉米餅

玉米餅顧名思義就是一種用玉米粉蒸製的麵餅，它的做法有很多種，有含玉米粒的、沒有玉米粒的，也有加入麵粉等主食一起製成的，花樣繁多，是台灣很少能吃得到的食物，在東北則是多樣又便宜。吃玉米餅時，如果搭配著酥炸過的風乾鹹魚，就成了鹹魚玉米餅，是東北漁家最平常的料理，口感粗獷又不失美味；這道也是大連的「雙盛園」餐廳的成名作。

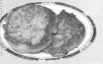

李連貴燻肉大餅

原來是東北四平李連貴大酒樓的菜餚，後來成為一種著名的東北小吃，目前在一些東北的大城市中都可以吃得到，是一種經濟實惠，又頗具特色的風味美食。李連貴燻肉大餅的製作方法，是將豬肉加入丁香、肉桂等中藥材燻製成金黃色，再將肉湯和入麵粉中，烙成薄油酥餅。吃的時候將燻肉加入蔥段與甜麵醬一起食用，口味肥而不膩，粗糙但是味覺香濃，很值得一試。

馬迭爾冰棒

馬迭爾冰棒是哈爾濱市馬迭爾賓館的著名冰品，從俄羅斯的統治時期就已經存在，歷史悠久。馬迭爾冰棒的特色是牛奶香味濃郁，而且每支售價才1元人民幣，幾乎所有到哈爾濱中央大街的遊客，都會排隊買上一支。在炎炎夏日，一邊吃著冰棒，一邊逛著俄國風情濃厚的中央大街，確是別有一番風味。

冰雪棉花糖

棉花糖是許多人兒時的共同回憶，蓬鬆又甘甜的糖絲，放到嘴巴裡入口即化，是棉花糖最大的吸引力。在冬天冰天雪地的東北，也常有小販在路邊販賣棉花糖，由於氣候嚴寒，這時的棉花糖大都已凍成冰糖絲，放到嘴裡冰涼、甜蜜又徐徐融化的口感很特別，與在一般常溫狀態時吃的口感不太相同。

東北名酒導覽

東北由於長期受到俄羅斯與日本的統治，對於當地人的飲酒習慣與釀酒技術也產生影響，目前大連和哈爾濱都產有高品質的啤酒。

大連名酒

大連的本地啤酒品牌，包括棒槌島啤酒、黑獅啤酒與凱樂啤酒等，都是大連華潤公司生產，產品清淡爽口。

哈爾濱名酒

哈爾濱本地產的啤酒，就叫哈爾濱啤酒，簡稱「哈啤」(當地發音為ㄏㄚˇㄆㄧˊ)。哈啤創立於1900年，是中國境內兩個最早的品牌之一；特色是清新濃郁的啤酒花香氣，而且爽口退火，目前分為「一般」與「超鮮型」兩種，超鮮型的口味更好。

長白山葡萄酒

哈爾濱啤酒

棒棰島啤酒

黑獅啤酒

長白山名酒

　　此外在長白山麓，運用當地生產的葡萄，也生產長白山葡萄酒，包括一般的紅酒與爽口酒等，口味偏甜，也值得嘗試。

格瓦斯麵包汽水

　　格瓦斯(Kvass)是一種由裸麥麵包發酵而來的飲品，由於酒精含量在1%以下，一般被視為無酒精飲料，因此小孩也可以喝。這種由俄羅斯人發明的飲料，目前在俄羅斯、白俄羅斯、烏克蘭與波羅的海三小國都很流行。在1900年的時候，俄羅斯人勢力侵入東北，隨著中東鐵路的興建，俄國商人把這種飲料也一起帶了進來，目前在哈爾濱還有生產與販賣。

　　由於是從麵包發酵而來，這種飲料喝起來的口味，有點像是麵包汽水，因此哈爾濱人就把它通稱為「麵包水」。格瓦斯在中國大陸其他地方不容易喝到，在台灣一般人則是聽都沒聽過，很值得到當地旅行時嘗鮮。

東北水果導覽

桃子

　　桃子是東北盛產的水果，不只品質優良，而且價格非常便宜，平常一顆大桃子都花不到一塊錢人民幣。桃子的種類大致分為硬桃與軟桃，軟桃就是台灣常吃的水蜜桃。「同志，來個桃吧！」是桃子盛產季節，賣桃的小販最常吆喝的口語。

香檳果

　　香檳果是一種個頭很小的蘋果，吃起來酸酸甜甜非常可口，時常可以在一些風景點的小販攤子上買到，價格也非常便宜，一般1斤才賣1～2元人民幣左右。

姑娘

　　姑娘是哈爾濱附近特產的漿果類水果，大小與小番茄差不多，外表有一層莢瓣包住。吃起來的酸甜感覺中，又略帶一種澀味，價格比香檳果更低，時常1斤不到1元。

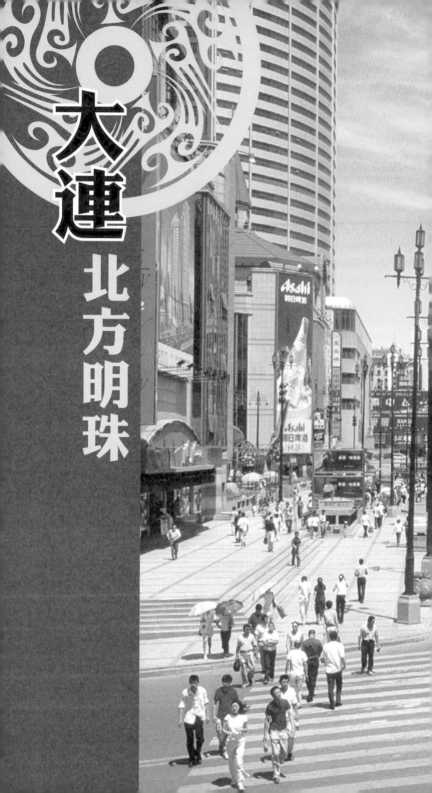

大連
北方明珠

大連被稱為北方明珠，原因是它位於遼東半島的尖端，向來就是大陸東北的門戶。大連的建設始於1898年時，當時俄羅斯強租旅順、大連，並且開始建築大連商港與新城市。1905年，日俄戰爭之後，日本人控制大連，開始了連續40年的統治，直到二次大戰後才結束。

1984年，大連成為大陸改革開放後首批的沿海開放城市。之後在前市長薄熙來的大刀闊斧建設下，整個城市改頭換面，街道拓寬，綠地大幅增加，整個城市呈現突飛猛進的態勢。自1988年開始的大連國際服裝節，也讓大連躋身為大陸的時尚城市之一。大連人又喜好足球運，連年在大陸的足球賽中獲獎，所以「足球城」、「服裝城」也成了大連的另一個美譽。

大連街道景點地圖

東北路
新佳路
重正路
重化路

疏港路

大連西站

凱萊大酒店
P.84

丰源酒店

瑞詩酒店

青泥洼街 P.72

麻記小食街 P.80

中長街
東北路
長春路
黃河路

中山公園

西安路

五一路

人民廣場 P.36

中山路

奧林匹克廣場 P.38

西南路
西山街
黃河路
西南路

五一路

中山路

太原街

東北路

西安路

會展路

國際會展中心 P.45

現代博物館 P.45

星海廣場景區 P.43

大連森林動物園
P.47

星海廣場 P.43

聖亞海洋世界 P.46

百年城雕 P.44

星海公園景區 P.46

星 海 灣

黃 海

大連港

渤海明珠酒店 P.83

日航飯店 P.81

富源酒店 P.84

富麗華酒店 P.83

香格里拉酒店 P.82

羅斯風情街 P.72

術展覽館 P.49

大連東站

港灣廣場 P.36

勝利廣場 P.37

大連站

友好廣場 P.38

中山廣場 P.35

大青花餃子館 P.74

壽司樂 P.77

九州華美達酒店 P.83

李連貴燻肉大餅 P.80

大連三八宜必思酒店 P.85

天天漁港 P.78

鳴記炭火烤全魚 P.75

凱賓斯基飯店 P.85

大連勞動公園 P.48

68-86老菜館 P.76

日本風情街 P.73

老虎灘景區 P.39

海洋公園 P.39

104戰艦 P.42

空中跨海索道 P.41

觀光船 P.41

鳥語林 P.42

群虎雕塑 P.41

老虎灘灣

33

大連市區

Dalian

概況導覽

大連整個城市以足球、海灘、服裝與廣場著名，時至今日整個大連市裡共有48個廣場，廣場數目之多，居全中國之冠。大連廣場的功能有點像是台灣的公園，是一般市民平時休憩娛樂的場所；在節慶時又可做為大型的聚會地點。大連的廣場由於數目眾多，每個廣場的特色都不同，以下的幾個廣場是市區內最為著名的，很值得旅遊大連時前往一遊，體驗純粹的大連廣場風光。

熱門景點

大連港

大連是一個以港興市的典型。十九世紀時，大連商港與旅順軍港曾經是列強爭奪的焦點。目前大連港仍是東北重要的客貨輪運門戶，旅客到大連港的客運候船廳，就可以一覽大連港的風光。

中山廣場

✉ 大連市中山區人民路、上海路與魯迅路交叉口

🚌 搭乘公車15、16、19、23、30、403、405、409、502路到中山廣場站下車

中山廣場是大連市裡歷史最悠久的廣場。早在1899年俄羅斯人開始在大連建造城市時，就將這個廣場規劃在其中，當時是依照沙皇的名字命名為「尼古拉耶夫廣場」；日俄戰爭之後，大連劃歸日本勢力範圍，廣場改名為「大廣場」；中共建國之後，又改為「中山廣場」沿用至今。

該廣場呈一個圓形狀，直徑有168公尺，共有10條大小馬路匯集於此，目前也是大連重要的金融中心。走到中山廣場，一般遊客首先會被廣場周圍精采的建築所吸引。這是因為沙俄在建城初期，就有意把大連發展成為亞洲的「東方巴黎」，所以俄籍建築師就在廣場的四周，建起了包括古典列柱式、巴洛克式、歌德式、文藝復興式等各種歐洲風味濃厚的建築，日本殖民時期也持續這種風格。其中最具代表性的，是位於廣場南側的大連賓館，這座建於1914年的建築，是由日本人太田毅所設計，當時稱為「大和賓館」，目前也是大連市長接待外賓常用的場地。

旅行小抄

1955年時，中山廣場四周架起了36組音響，大連賓館的屋頂也放了一座大型電視螢幕，此處成為市民約會、跳舞、打牌與觀賞足球賽的熱門地點；尤其是當有足球賽的轉播時，晚上更是擠滿了人潮。

人民廣場

✉ 大連市西崗區五四路與中山路之間
➡ 搭乘公車14、15、16、24、303、405、702路到人民廣場站下車

人民廣場周圍是大連市的政府機構集中地，目前共有大連市政府、法院、公安局、檢察院等機構。廣場是由4塊正方形的大草坪組合而成，每塊面積約為1萬公尺。草坪上還常可見到鴿子，以及市民放風箏。

人民廣場在1993年前的名稱為「斯大林廣場」，是為了紀念蘇聯獨裁者史達林與蘇聯軍隊在二次大戰後期進駐東北而命名，後來廣場中的蘇軍紀念塔被轉移到旅順，這裡也被改名為「人民廣場」。

旅行小抄

廣場上有一處音樂噴泉，而且在白天常有大連女騎警，穿著制服騎著高大馬匹到處巡邏。這些馬匹多是香港賽馬會退休的賽馬，雖然不再比賽，但是仍然英姿煥發。

港灣廣場

✉ 大連市中山區長江路與五五路交叉口
➡ 搭乘公車7、11、13、16、27、30、703、710、712路到港灣橋站下車

港灣廣場位於大連港客運站外，故命名為港灣廣場。廣場上有一座木製的九桅帆船，船隻樣式是模仿明朝鄭和下西洋時的船隻所建造，象徵大連連接歷史、迎向未來的特殊意義。順著港灣廣場走下去，就是搭乘客輪的大連客運碼頭，遊客可以順便遊覽大連港。

Dalian

36

勝利廣場

📧 大連火車站前長江路與中山路之間
➡ 搭乘公車7、13、30、31、39、101、201、414、521、531路，快軌金石灘線或九里線到大連火車站下車

勝利廣場位在城中心、大連火車站的前面，可說是占盡了地理優勢。這個廣場有一個階梯式的劇場型舞台，有時候會有表演，階梯旁的出口就是地下街。地下街裡是個體戶經營的大小商店，裡面販賣有各種飲食育樂商品，一般價格不高，但是需要殺價。廣場上還有幾座綜合功能的商業大樓，此外在廣場的地面層，還有露天咖啡座。

旅行小抄

勝利廣場是由台灣的商界名人蔡辰男在大連興建的大型商場，以前曾被台灣的媒體報導為「錢進大陸、債留台灣」的代表。目前在廣場的大型薩克斯風雕塑下方，還有蔡辰男的題字。

友好廣場

✉ 大連市中山區中山路與友好路交叉口
➔ 搭乘公車15、16、19、23、30、409、531、
534、701、702、708、710、901路到友好廣場站
下車

友好廣場位置在中山路上，在中山廣場與勝利廣場之間。友好廣場建立的時間很早，在日本統治時期因為位於中山廣場之西，所以稱為「西廣場」；中共建國之後，為紀念中蘇友好改稱「友好廣場」。大連每個廣場的特色與機能都不一樣，如友好廣場周圍就可見電影院林立；這裡有大連設備最好的電影院，包括進步電影院、友好電影院、泰和戲院等。

友好廣場最著名的景觀，是一座直徑15公尺的變色水晶球。這個建於1996年的水晶球，是由3,120片透明玻璃合圍而成；球內裝有7,852盞彩色燈泡，每天夜幕低垂時，水晶球會不時變換紅、黃、綠三種燈光，甚為美觀。

奧林匹克廣場

✉ 大連市西崗區中山路與五四路之間
➔ 搭乘公車4、12、15、16、22、23、32、406、
410、522路到奧林匹克廣場站下車

顧名思義奧林匹克廣場是為了紀念奧林匹克精神而建，廣場位於大連市人民體育場的一旁。在這裡，大連足球隊曾經多次擊敗來訪的球隊，締造連續55場不敗的佳績。

該廣場興建於1998年，次年揭幕時由奧會主席薩馬蘭奇主持。廣場占地2.3萬平方公尺，地面上有著名的奧林匹克五色環雕塑，地下層則是商場。目前美國的沃爾瑪購物廣場(Walmart)在廣場附近開設大連分店，也是熱門的購物與休憩地點。

知 識 充 電 站

首位代表中國參加奧運者——劉長春

奧林匹克廣場也是紀念第一個代表中國參加奧林匹克運動會的大連運動選手——劉長春。民國21年(西元1932年)，劉長春在東北軍閥張學良的資助下，前往美國洛杉磯參加奧運會，成為中國歷史上參與奧運的開端。

Dalian

老虎灘海洋公園

✉ 大連市中山區濱海中路9號

➡ 搭乘公車2、4、13、402、524、712路到老虎灘海洋公園站下車

🕐 06:00～22:00，週一休館

☎ (0411)826-89356、828-93000

💲 通票210元人民幣(包括極地海洋館、海獸館、鳥語林、群虎雕塑、珊瑚館與歡樂劇場等)

🌐 www.laohutan.com.cn

老虎灘位於大連市中山區的東南方，景區是由北面的大連老虎灘海洋公園與南面的群虎雕塑所構成，兩者之間有一條跨海的空中纜車線相連接。整個老虎灘的景區之內有很多的遊樂設施，全部玩下來可以玩上一整天。

硬體設施還包括極地海洋動物館、海獸館、鳥語林、旅遊觀光船、馬駟驥根雕藝術館與四維影院等。

老虎灘景區距離市中心約5公里，最早建於1959年，到了1980年代海岸邊的污染已經日形嚴重，為了充分整治，大連市政府開始移山填海的工程。1990年虎灘樂園(老虎灘海洋公園的前身)開放，成為大連著名的旅遊聖地。公園居高臨下可以看到整個海洋公園的全景，沿著海邊還有一處大型海螺雕塑，體現出這個濱海公園的特色。

旅行小抄

老虎灘命名的由來，是因為傳說這裡以前有群虎聚集，一位鄉民為了替民除害，深入險地將老虎趕走，但是自己也因此犧牲了性命。

大連市區—熱門景點

友好廣場、奧林匹克廣場、老虎灘海洋公園

【極地海洋動物館】

🕐 淡季 08:30～16:30
　　旺季 08:00～17:00

　　極地海洋動物館是老虎灘景區最新加入的景點，甫於2002年4月28日開幕，也是大連目前人氣最旺的旅遊景點。極地海洋動物館是由新加坡的西瑞克石油公司、大連海昌集團與大連虎灘樂園共同集資興建，總投資額4億人民幣。工程從1997年開始規劃，2001年10月硬體完工，然後是館內動物的分批引進。

　　極地海洋動物館內的極地海洋動物共有11種153頭，號稱是世界上同類型規模最大的展覽館，其

極地海洋動物館鯊魚群

中包括來自俄羅斯北極海的小白鯨、企鵝、北極熊、海獺等。此外還有3千多條魚，分別展示在大大小小的水族箱中，光是鯊魚，就有3百多條各式各樣的種類可供觀賞。館內每天還有幾場海豹、小白鯨與海豚的表演，費用包括在門票內。

　　為了突顯極地的特色，館內還有一處超低溫的極地體驗室，裡面有馴鹿、北極熊標本，也有愛斯基摩人的冰屋，很值得一探。

極地海洋動物館小白鯨

【 海獸館 】

🕐 淡季 08:30～16:30
　　旺季 08:00～17:00

　　海獸館位在極地海洋動物館的一旁，外表像是一艘漁船。館內分為3層，分別是水面層、水下層與水上層，遊客可以從不同的角度來觀賞展示的海洋動物。海獸館內目前蓄養50多頭海洋動物，包括加洲海獅、非洲海豹與海狗等，遊客還可以在館內購買小魚餵食。

海獸館海豹表演

【海洋旅遊觀光船】

🕒 淡季 08:30～16:30
旺季 08:00～17:00

海洋旅遊觀光船可以在景區北面的老虎灘海洋公園，或是南面的群虎雕塑搭乘，航行時間約半個小時。出海之後可以從海上看到老虎灘的景色，此外也可以看到菱角灣、石槽村、棒棰島等大連南部海岸的風光。

觀光船

【空中跨海索道】

🕒 淡季 08:30～16:30
旺季 08:00～17:00

在參觀完老虎灘海洋公園的各個景點之後，一般遊客會搭乘空中索道纜車，繼續到南岸的群虎雕塑景區參觀。這座索道全長六公尺，是大陸少見的跨海索道；索道的終點是位於群虎雕塑上方的山腰上，只要沿著樓梯走下來，就可到達群虎雕塑景區。

空中索道纜車

【群虎雕塑】

🕒 淡季 08:30～16:30
旺季 08:00～17:00

位於老虎灘海邊的大型群虎雕塑，是由大陸著名雕塑家韓美林費時兩年時間所製成。雕塑的主題是六頭虎虎生威的猛虎，總計長度是36公尺、高度7.5公尺，由498塊灰色的花崗岩所雕成。群虎雕塑的一旁海岸邊有臨海的座位可以欣賞海景，沿著懸崖走下海邊，還有人在進行海釣與游泳。

極地海洋動物館、海獸館、海洋旅遊觀光船、空中跨海索道、群虎雕塑

【 鳥語林 】

🕐 淡季 08:30～16:30
　旺季 08:00～17:00
💲 門票30元人民幣

　　位於群虎雕塑對面的鳥語林，也是遊覽老虎灘時不容錯過的景點。這是一座巨型的人造大型鳥籠，由19支大型鐵竿在兩座小山丘之間，撐出一個不規則的大網，鐵竿最高的地方達到42公尺。園內遍植花木，小橋、流水、涼亭，圈養的鳥類包括了丹頂鶴、孔雀、鵜鶘、非洲鸛等等。這些展出的鳥類除了不能飛出網子外，可以在園內自由活動；由於見的遊客多了，所以一般都不怕人，有時候人們太過靠近，還會被牠們啄傷。不過能在這麼近的距離，看到保育類的丹頂鶴等鳥

馴鳥表演

類，總是有擋不住的吸引力，所以和鳥類近身接觸合影的遊客還是非常多。

　　除了大鳥籠之外，林內還有各種鳥類的表演，其中在入口處附近的表演廳，有小型鳥類鸚鵡，表演騎單車、算算數、溜冰和要小費等可愛的技耍表演。

鳥語林的塘鵝

> ### 旅 行 小 抄
>
> 在鳥語林的草坪上，每天還會表演兩次精采的「孔雀東南飛」：這是將羽毛艷麗的孔雀，自高處一一放出飛到草坪的表演。由於一般人很少看過孔雀飛翔的場面，所以每次表演時間一到，草坪上就擠滿了好奇的遊人。孔雀飛過之後，是非洲鸛的飛翔表演，過程一樣精彩。

【 104戰艦 】

🕐 淡季 08:30～16:30
　旺季 08:00～17:00
💲 門票30元人民幣

　　距離群虎雕塑不遠的海邊，停泊著一艘中型的軍艦，這就是已經退役的大陸第一艘導彈驅逐艦──104號艦。這是中共在閉關自守的年代，運用本身的科技所造出的導彈戰艦。艦上的裝備以目前的眼光來看，顯得落後，但是仍然代表大陸的某種驕傲。現

　　在遊客只要購票登艦，就可以參觀艦上的官兵寢室、機動室等各艙室，也可以親手操作艦上的戰炮武器。

星海廣場景區

✉ 大連市星海灣廣場

➡ 搭乘公車202、406、531路到星海廣場站下車；或搭乘公車22、23、28、29、801、901路到會展中心站下車

🕐 24小時開放

💲 星海廣場、星海遊樂園與百年城雕入場免費

【星海廣場】

星海廣場是目前大連市內面積最大的廣場，占地達4.5萬平方公尺。這裡原來是一處海灘垃圾處理場，大連市政府將這裡重新規劃利用，並填海造陸，變成了一個非常受歡迎的旅遊據點。

廣場主要是由一個圓型的廣場與沿海設施所組成，廣場建成於1997年，這裡有一座全大陸最大的漢白玉華表，華表高度19.97公尺、直徑為1.997公尺，兩者都是為了紀念香港回歸大陸的1997年，四周還有5座高12.34公尺的宮燈圍繞。

星海廣場的漢白玉華表

旅行小抄

連結廣場與海邊的路上，每隔20公尺架有一支石柱燈，由於這個廣場氣象萬千，又不需要入場門票，是大陸的國內旅遊團必訪之處。每年7月星海廣場還會舉辦啤酒節活，除了暢飲啤酒之外，還有各種歌唱與舞蹈表演，但是這時入場必須收取門票。

百年城雕

【百年城雕】

百年城雕位於星海廣場靠海的地方，這是為了紀念大連建市100週年，於1999年所建造。百年城雕的構成分為兩大部分，一是包含了1,000個腳印的銅製足跡浮雕，代表著大連100年來的腳步；另一則是面積5千平方公尺，近看像展翅雙翼，從空中鳥瞰卻像攤開書本的平台式廣場建築。在百年城雕的一旁有一座燈塔，也是為了慶祝建市百年所建，稱為百年燈塔。

【星海遊樂場·飛球球幕電影院】

星海遊樂園是設於百年城雕旁的兒童遊樂場，園內有旋轉木馬、摩天輪、碰碰車等遊樂設施，入場免費；但是個別遊樂設施必須分別付費，費用介於3～10元人民幣。飛球是一粒超大型的氫氣汽球，遊客可以買票搭乘升空，從高空鳥瞰星海廣場的全景。飛球搭乘每次20分鐘，可以升到120公尺的高處，在晴空萬里的天氣時，視野尤佳。

飛球

球幕電影院位於百年城雕與圓形廣場之間，是一座放映三百六十度全景電影的戲院。觀眾坐在電影院當中，抬頭可以從不同角度看到個別的影像，有別於一般電影院的視聽感受，目前放影的影片以美國片為主。

星海遊樂場

大連現代博物館

✉ 大連市沙河口區會展路10號
➜ 搭乘22、23、28、29、801、901路到會展中心站下車
🕐 09:00～17:00，週一休館
📞 (0411)848-01025
💲 憑台胞證與身分證，免費參觀
http modernmuseum.dl.gov.cn

位於星海廣場附近，由白色巨柱圍繞的大連現代博物館，外型現代氣派。裡面共有4層樓的展示空間，展覽以大連建設百年來的歷史文物為主。不過相對於這棟建築的堂皇，展示內容相對的顯得薄弱，但是優點是這裡不需要門票，因此也適合遊覽星海廣場時，順道一起參觀。

❶ 大連現代博物館外觀❷❸ 大連現代博物館內部展設

大連星海 國際會展中心

✉ 大連市沙河口區會展路18號
➜ 搭乘公車22、23、28、29、801、901路到會展中心站下車
🕐 08:00～17:00
📞 (0411)848-09625
💲 門票價格依活動而定

星海國際會展中心位於星海廣場北側，占地面積8.6萬平方公尺，於1996年7月1日落成，是東北地區最具規模的國際會議與展覽的場地。會展中心1樓共有710個展示攤位，可以舉辦各種大規模的國際性展覽；2樓國際會議廳共有4間大小會議室，其中最大的國際會議大廳可以同時容納500人一起開會；3樓則是大連商品交易所。會展中心外還有一個面積6,600平方公尺的室外展場，可以舉辦各種活動。此外，中心對面還有一處會展中心大排檔，可以吃到各種平價的飲料美食。

星海公園景區

✉ 大連市中山路星海灣畔
➡ 搭乘公車22、23、28、406路,或202路有軌電車到星海公園或星海浴場站下車

【星海公園】

🕐 07:30～17:30
📞 (0411)846-61519
💲 免費

　　星海公園位於市區西南方的星海灣畔,北倚台山南臨黃海,是一個由陸地公園與海水浴場所組合而成的公園,建立的時間是1909年,至今已接近100年的歷史。星海公園占地約15萬平方公尺,海岸線長達800公尺,是當地夏天頗富人氣的海水浴場。公園內綠樹成蔭,草地廣闊;海水浴場呈半月型,是大連市內的四大海水浴場之一。除了綠樹與海灘之外,公園內還有兩個不同主題的博物館,分別是聖亞海洋世界與史前生命博物館,展出海洋生物與史前生物,讓遊客除了玩樂之外,還可以增加科學常識。

　　星海命名的由來,是因為海灣外面有一顆形狀奇特的巨石,相傳是由天外飛來的「星石」,故稱這裡為星海。星海公園目前為國家級重點名勝景區,也是大連市內十大景區之一。

【聖亞海洋世界】

🕐 淡季 09:00～16:00
　　旺季 08:00～17:00
📞 (0411)845-81113
💲 門票110元,套票320元人民幣(包括海洋世界、極地世界、珊瑚世界、深海傳奇與恐龍傳奇)
🌐 www.sunasia.com

　　聖亞海洋世界位於星海公園內,是一座大連市內現代化的水族館。館內1樓是熱帶魚展覽廳與岩石池,此外,還有船艦模型展覽廳、兒童遊樂室、雷射放映廳、紀念品商店等。2樓則有一條全長118公尺的海底隧道,行走其間就好像是進入海底世界一樣。海底隧道的建築技術來自紐西蘭,當年落成時,還曾經是大陸地區首家建有海底隧道的水族館;不過,2002年大連老虎灘的極地海洋館開放了之後, 質相近的聖亞海洋世界被搶去了不少光采。

旅行小抄

　　這條長度超過新加坡海洋館的海底隧道,主水池可以容納水量超過4千公噸,館內目前蓄養兩百多種魚類,總數約有1萬多條。潛水人員每日進行池內餵食的時間,最能吸引遊人的注目。聖亞海洋世界是大連的十大景區之一,也是少數大陸境內通過ISO9002品保認證的遊樂設施。

大連森林動物園

✉ 大連市西崗區南石道街迎春路60號

➜ 搭乘公車525、529、715路到森林動物園站下車，或公車5、541、702路到銀沙灘站下車

🕒 08:30～17:00

📞 (0411)824-76973

💲 門票120元，電瓶車票20元、大象表演票50元人民幣

🌐 www.dlzoo.com

【動物園區】

大連動物園建於1966年，原址在市區裡的魯迅公園，1995年市政府決定將動物園遷建到南崗區的白雲山，1997年5月24日第一期工程完工，正式開園。動物園位於市區西南的西崗區，距離市中心約9公里。這是一座超大型的都市森林動物園，目前園內共規劃成動物圈養區與野生放養區兩大部分，占地面積7.2平方公里，規劃面積達180公頃。

在圈養區內，是由食草動物區、靈長動物區、兩棲爬行動物館、亞洲象館、獅虎山、熊山、鳥園等小景區所組成，這裡由於占地廣闊，所以可以租用園內工作人員駕駛的電瓶車遊園，但是每車費用高達200元人民幣。購買單人的車票較便宜，只要20元。

旅行小抄

所謂的圈養區，就是將動物圈養在一定範圍之內的展出方式；放養區則是採野生動物園的作法，把動物自由放養在較大的空地上，遊客必須搭乘汽車入內參觀。目前園內共蓄養動物200餘種，總數400多頭，是東北地區規模最大的動物園。

【動物園纜車】

在參觀完圈養區之後，可以搭乘全長超過1公里，大陸境內最長的纜車，到達野生放養區。野生放養區內又可以分為步行區與動物放養區，其中步行區內設施有占地達1萬平方公尺的熱帶雨林館、鹿苑、小動物村、谷底花園等。至於動物放養區則又可細分為五大部分，分別是非洲動物區、高山動物區、野狗區、亞洲動物區與猛獸區。在猛獸區每天還有動物的餵食時間，這時通常會由小卡車載運活生生的山羊等小動物，來供獅子、老虎等進食，血腥的撲殺場面常會讓遊客印象深刻。

在圈養區還有丹頂鶴放飛、海豹與鳥的表演；放養區則有動物雜技的表演。大連森林動物園也是大陸首家同時通過ISO9001與ISO14001國際品管認證的動物園。

勞動公園

✉ 大連市中山區五惠路與解放路交叉口
➡ 搭乘公車15、16、23到青泥洼橋站或公車11、24路到勞動公園站下車
🕒 08:00～19:00
📞 (0411)836-45363
💲 免費，大連觀光塔50元人民幣

　　位於大連市中心的勞動公園，最早建於俄國租借時期的1899年，當時是大連第一個大型的都市公園。勞動公園占地102萬平方公尺，園內共分為遊覽區、花卉觀賞區、文化娛樂區、兒童遊樂園與體育遊樂園。其中，矗立在公園半山腰的巨型足球雕塑，代表著大連足球運動的蓬勃。

　　勞動公園原名「老虎公園」，原因是這裡早年曾經飼養過老虎。1926年在日本統治時期改稱「中央公園」，到了1949年中共建國後改稱「勞動公園」至今。

旅行小抄

勞動公園目前也成了當地父母為兒女挑選對象的熱門地點，公園內的樹幹與園區土地上，常會放置與張貼一些徵婚與相親的啟示，一些熱心的父母也會打聽與交換相親的訊息，成為特殊的景觀。

　　在勞動公園的山頂，建有190公尺高的大連觀光塔，裡面設有旋轉餐廳、空中觀光廳、露天觀景台等，可以鳥瞰大連的市容，不過門票不便宜。觀光塔的下方設有兒童遊樂場，裡面有簡單的遊樂設施。在勞動公園的一隅，還建有峽谷漂流的遊樂設施，在夏天可以享受急流泛舟的樂趣。冬天這裡則變成冰雪樂園，可以提供民眾與兒童滑雪，但須另外收費。

　　此外，這裡也是大連每年慶祝五一勞動節、十一國慶與服裝節的重要舞台。

勞動公園觀光塔

Dalian

大連女騎警基地

✉ 大連市中山區中青街9號
➡ 搭乘公車524、703、712路到海港醫院站下車
🕐 09:00～17:00
📞 (0411)828-83866
💲 門票50元人民幣

位在中青街一座山上的大連女騎警基地，占地3萬平方公尺，也是目前大陸唯一的女子騎警訓練基地；基地內有辦公大樓、跑馬場與表演場。女騎警住在這裡的宿舍裡，每天必須進行騎馬、機車、禮儀等訓練，基地裡的馬廄、跑馬場、餐廳、紀念品店等設施，開放供遊人參觀。遊客可以和身著制服的女騎警們一起拍照留念，也可以自己去租一套騎警制服，過過乾癮。每天早上10點鐘左右，女騎警們會進行馬術訓練，是比較好的參觀時間；如果嫌光看不過癮，還可以租一匹馬下場去跑一跑。

作者與大連女騎警合影

旅行小抄

大連女騎警是其他城市難得一見的女警編制，是大陸第一支女子騎警大隊，成立於1994年12月，主要是以禮賓與儀式表演為目的。隊員都是經過挑選過的20～26歲年輕女性，目前編制43人、巡邏車3輛、機車10部與巡邏馬匹13頭。她們每天會在市區裡的人民廣場等公眾場合，穿著制服、騎著高頭大馬維持秩序，看起來非常威風，成為大連市一個獨特的景觀。

大連女騎警操練情形

藝術展覽館

✉ 大連市勝利街35號
➡ 搭乘公車12、15、16、22、23、32路到奧林匹克廣場站下車
🕐 09:00～16:30
📞 (0411)824-96537
💲 10元人民幣

大連藝術展覽館位於火車站附近的勝利橋一旁，館後方就是著名的俄羅斯風情街。這座美麗的德國都鐸式的房屋最早建於1902年，是由德國工程師設計，但由俄羅斯人建成。其後因為年久失修，大連市政府於1996年撥款重建，目前館內經常舉辦各項的藝術展覽活動。

金石灘景區

Dalian

概況導覽

金石灘是大連近年大力發展的旅遊據點，位置在大連市東方金州區的涼水灣畔。這裡有一段蜿蜒曲折的石灰岩地形，地質上是誕生於6億年前的震旦紀，由於沿著海邊奇石遍布，所以被稱為「天然地質博物館」或是「神力雕塑公園」。

發展歷史

金石灘國家級風景特定區是於1992年，由大陸國務院核准設立，2001年時國家旅遊局又將這裡評定為4A級風景區。金石灘風景區的轄區面積約62平方公里，海岸線長度約30公里。由於海洋調節的關係，夏天氣候溫暖，冬天也不寒冷，所以被稱為東北小江南。風景區內的海岸沙質柔細，沙灘平緩，所以有許多的海水浴場，再加上風景區內的天然與人文景觀，很適合遊客來此消磨一天的時間。

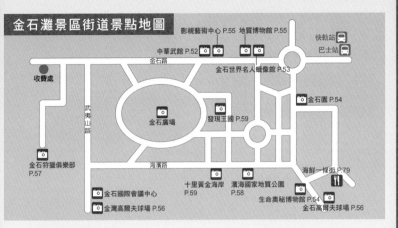

金石灘景區街道景點地圖

影視藝術中心 P.55　地質博物館 P.55
中華武館 P.52
金石路
快軌站
巴士站
金石世界名人蠟像館 P.53
收費處
武夷山路
金石園 P.54
金石廣場
發現王國 P.59
海濱路
金石狩獵俱樂部 P.57
十里黃金海岸 P.59　濱海國家地質公園 P.58
海鮮一條街 P.79
生命奧秘博物館 P.54
金石國際會議中心
金灣高爾夫球場 P.56
金石高爾夫球場 P.56

交通工具

金石灘距離大連約有50公里，如果使用大眾交通工具，可以搭乘快軌三號線，從大連火車站出發，到金石灘全部車程52分鐘，票價8元。

聯絡資訊

金石灘旅遊諮詢電話：

(0411)879-00241、879-15807

http www.jinshitan.com

旅 行 小 抄

購買套票最划算

如果包車來金石灘，可以在個別的景點分別買票，不過對於初來乍到的遊客，最好是購買套票較為經濟實惠。聯票的路線包括以下兩種，其中精品遊套票是金石灘景區的精華，大部分外來遊客都會選擇這種套票進行遊覽。

套票種類	票價	包含景點
精品遊套票	160元	毛澤東像章陳列館、金石世界名人蠟像館、中華武館、地質博物館、生命奧秘博物館
地質公園套票	100元	地質博物館、金石園景群、玫瑰園景群、恐龍園景群、南秀園景群與鰲灘園景群

各景點票價

除了套票之外，各個景點也可以個別購票進入，票價如下：

中華武館	100元
金石世界名人蠟像館	80元
生命奧秘博物館	80元
毛澤東像章陳列館	10元
地質博物館	10元

※以上票價皆為人民幣

熱門景點

中華武館

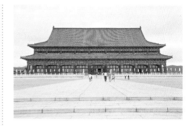

🕐 08:30～16:30
📞 (0411)790-4979
💲 門票20元(單純參觀)、100元(包含武魂神韵表演)

　　外表紅藍相間、氣勢雄偉的中華武館，占地6萬餘平方公尺，是一座現代仿古建築，號稱全球面積最大的武術館。館內分為4層，共有兩個比賽場地，整體建築包括演武大廳、教學服務樓、廣場與牌樓等。中華武館於2001年9月正式開幕營運，目前是以武術教學、培訓與比賽為主要經營項目，開幕以來已經舉辦了大陸全國武術散打錦標賽與遼寧省九運會散打比賽等。

旅 行 小 抄

變裝俠客拍照

演武大廳的牆上有許多幅字畫，舞台旁陳列的各種兵器，遊客可以付錢租用，所以一些國外遊客特別喜歡租些造型特殊的兵器，來照相留念。這裡在週末或是例假日遊客較多時，還會有武術與雜技的表演。

武魂神韵表演

參觀中華武館，也可以一併觀賞武館學員演出的「武魂神韵」表演，表演時間30分鐘，分別在上午與下午各有一場，不過觀賞表演要多收80元門票。武魂神韵的表演內容包括氣功、形意拳、金剛指、三槍抬佛等。

金石世界名人蠟像館

🕐 08:30～16:30
📞 (0411)879-02006
💲 門票80元人民幣

金石名人蠟像館是仿自英國倫敦蠟像館,以名人蠟像為主題的博物館。這座博物館於香港回歸大陸的1997年7月1日正式揭幕,展覽面積約2,900平方公尺,目前館內有100多尊蠟像。2000年時蠟像館進行擴建,2002年4月重新開張,目前館內設有明星天地、世紀回眸、世界名人、蠟趣園、創業者之歌、攝影廊、英式酒吧等7個場景。

可惜的是,這裡製造蠟像的技術並不高明,而且場內不准攝影,需要拍照的遊客只能請館內的人員用拍立得相機拍攝,一張索價15元人民幣,而且拍照技術很低劣。

蠟像館內有趣的場景,包括鄧小平與英國首相柴契爾夫人的對談、香港特首董建華與中共主席江澤民的握手;演藝圈名人如成龍、章子怡,運動健將如空中飛人喬丹,商界名人如美國微軟公司董事長比爾蓋茲,甚至連中共的樣板人物雷鋒,這裡都有陳列。

毛澤東像章陳列館

🕐 08:30～16:30
📞 (0411)879-02913
💲 門票10元人民幣

位於地質博物館2樓的毛主席像章陳列館,是一處難得一見的博物館。陳列館是於2001年12月26日毛澤東108歲誕辰時開幕,其中收集的像章製造日期從1945～1993年之間,材質有35種之多。展出主題是以毛澤東的紀念人像徽章為主,這裡所有的收藏品都是遼寧省丹東市的收藏家陳德所擁有。他個人所收藏的毛澤東像章,達到8萬多枚,已經申請英國的金氏紀錄認證。

這也突顯了大陸民眾對於毛澤東的崇拜,很值得海外的遊客前來一探。除了毛澤東像章之外,這裡還陳列著文革時的大字報、毛語錄、紅臂章,毛澤東雕像與書法等,突顯出中共在階級鬥爭年代的肅殺氣氛。

旅行小抄

陳列館中最吸引人的部分,是用兩萬多枚像章所排列而成的「東方紅,太陽升」巨幅圖案,在這裡拍照要收費2元人民幣。在館內陳列的像章,依據主題與歷史順序,包括有1893年毛澤東在韶山誕生、井岡山起事、兩萬五千里長征、延安基地、開國大典、抗美援朝、文革十年動亂與百年誕辰等。

金石園

🕐 08:30～16:30
📞 (0411)879-03563
💲 門票10元人民幣

金石園裡金黃色的石英砂岩，是金石灘景區之所以得名的由來之一，這個大規模之岩石公園的發現，卻是在一個偶然的巧合之下。

話說1996年時，這裡本來計劃要興建一座旅館，在施工興建的過程中，無意間挖掘到一片金黃色的岩石，於是旅館興建工程停工，反而開始大規模地挖掘這座奇石景觀。後來這座占地3萬平方公尺，形成於6億年前的震旦紀海蝕岩石景觀，終於重現世人面前。

旅 行 小 抄

金石園裡面奇石聳立，氣象萬千，2000年的時候又陸續挖掘出了一線天與登天洞等景觀，更增加可看。來這裡參觀，只要隨著園內的小徑走，時常會有墜入太古世界的感覺，也是眾多遊客喜歡拍照的地方。

生命奧秘博物館

🕐 08:30～16:30
📞 (0411)393-68787
💲 門票80元人民幣

生命奧秘博物館原來位於旅順，2012年時整過博物館的館藏遷移至金石灘景區展出。這是一座以介紹脊椎動物演化歷史為主題的博物館，展出內容包括海洋之魂、脊椎王國、人體世界等。

地質博物館

🕐 08:30～16:30
📞 (0411)879-00214
💲 門票10元人民幣

　　地質博物館的位置在蠟像館隔壁，是一個以收集奇石為主題的陳列館，目前收集奇石種類兩 多種，總共3,000多件，規模號稱大陸最大。館內有各種不同成分的奇石，這裡還有金石灘奇石：龜裂石的一部分提供展出。賞石館的2樓是毛主席像章陳列館(P53)，上樓參觀必須另外付費。

　　中國人喜歡收藏的像形石，也就是形狀類似某種實際東西，或石上的圖案酷似某種文字或圖畫的岩石，這裡收藏數量很多。

影視藝術中心

🕐 08:30～16:30
📞 (0411)879-04387
💲 門票20元人民幣
🔗 www.dalianmodel.com

　　金石灘景區裡有一座台灣很少見的模特藝術學校，專門以培訓專業模特兒為目標。這是大陸許多年輕女性的理想行業，原因是收入高、又可以穿漂亮的衣服。這座模特兒學校成立於1993年，自成立以來已經有20幾名學生獲選成為名模。

影視藝術中心服裝秀表演

　　位於中華武館一旁的影視藝術活動中心，就在這座模特學校的前方，也是學校學生表演的舞台。影視藝術活動中心占地8,400平方公尺，外形是前衛的半圓球狀，配上兩旁平行延伸的屋頂，看起來好像一刻超大型的飛行雞蛋。中心內部有一座T字型的表演舞台、室內游泳池、影視廳、KTV包廂、會議室等；平時有模特兒走秀、現代舞蹈、服裝秀表演等演出項目。在影視中心內還設有徐悲鴻藝術館，館內展出有大陸著名畫家徐悲鴻各個時期的臨摹作品130餘幅。

金石灘景區—熱門景點

金石園、生命奧秘博物館、地質博物館、影視藝術中心

55

高爾夫球場

🕐 白天
📞 金石球場(0411)879-12343
　金灣球場(0411)879-10329
💲 金灣球場門票20元人民幣

【金石高爾夫球場】

　　金石灘景區裡有兩座高爾夫球場，分別是位於西方的「金灣高爾夫球場」與位於東邊的「金石高爾夫球場」。其中金石高爾夫球場是一座職業水準的球場，英文名字模仿舊金山西部著名的小圓石海灘球場（Pebble Beach），取名為Dalian Pebble Beach。這球場是由大連華豐企業集團、香港中安置業有限公司、美國馬得利

工業股份有限公司合資興建，球場總面積175萬平方公尺，於1995年正式開始營運。這裡打一場球的費用並不便宜，包括一夜住宿與十八個洞的果領與桿弟費的套裝行程，平日是980元人民幣，假日則要1,180元人民幣。此外市區裡的香格里拉大飯店與瑞士酒店，也提供到金石高爾夫球場打球的套裝產品，價格分別是1,570元人民幣與408美元。

【金灣高爾夫球場】

　　不想花高價，或花長時間打十八洞的遊客，遊客可以選擇大眾化的金灣高爾夫球場。如果 買該景區B線行程，遊客在門票裡就包含免費打3顆練習球，如果不

過癮，還可以花5元人民幣再打3桿。傍海而建的金灣球場總面積23萬平方公尺，由於直接面對海洋所以風景極為秀麗。目前該球場有9條標準球道、1座練習場和1座木造的會館，整座球場於2000年時正式投入營運。

Dalian

大連的冬天，有些景區與海水浴場不開放 玩家交流

大連屬於溫帶海洋性氣候，冬天雖然不會太冷，下雪的天數也不多，但是因為靠海，冬季的海風吹起時，風力強勁，仍然會令人打哆嗦。此外冬天草木枯黃，天空昏暗，所以基本上冬天並不是旅遊大連的理想季節。而且冬天許多靠海的景點，例如老虎灘、金石灘的發現公園與各地的海水浴場都沒有開放。反而在夏天時，不管是當地人與遊客都湧向海邊去享受海濱風光，而且當地還有啤酒節、服裝遊園會等熱鬧的活動，因此有「夏季遊大連，冬季遊哈爾濱」的說法。

金石狩獵俱樂部

🕒 08:30～16:30
📞 (0411)879-15588
💲 門票10元人民幣

金石狩獵俱樂部是大陸東北少見，可以實彈打靶的地方。俱樂部位於金石灘景區的西部半島，占地面積200萬平方公尺，自然植被豐富，有一些小型野生動物活躍其間。這裡的靶場包括有台灣曾經流行的漆彈對抗射擊場、國際標準飛碟靶場、小口徑手槍射擊場、射箭場、活動靶場、機關炮射擊場等。

狩獵場內可以租用設備，進行漆彈對抗，費用漆彈2元人民幣一發。也可以對區域內的動物，進行實彈狩獵，但是除了每發5元的子彈費用外，打中的獵物也需要個別收費，包括兔子與大骨雞每隻100元、火雞每隻600元、非洲雁每隻150元。

濱海國家地質公園

🕐 08:30～17:00
📞 (0411)879-00497
💲 門票100元人民幣

金石灘景區的東部，是奇石林立的地方，目前共規劃有四大景區與88處景點，整個區域統稱「濱海國家地質公園」。這裡的奇特岩石地貌，是形成於6～9億年前的震旦紀與寒武紀，海濱沿岸海蝕洞、海蝕平台與海蝕柱等隨處散立，是金石灘自然景觀最為豐富的地方，也是金石灘被稱為「海上石林」、「神力雕塑公園」的由來。

這裡奇特的景觀包括恐龍探海、海龜上岸、哮天犬等，其中龜裂石，形似烏龜的龜殼圖案，號稱是世界體積最大的；不過現場看來的結果，許多岩石的形狀其實並不形似。

十里黃金海岸

🕐 08:30～17:00

📞 (0411)879-19788

💲 更衣2元、沐浴5元、寄存5元人民幣

　　金石灘的海水浴場，位於風景區的南部海濱，這裡氣候溫和、沙質柔細，是遼東半島軟硬體設備最佳的海水浴場。金石灘沿岸有很多海水浴場，其中以位於黃金海岸的「國賓浴場」人氣最旺。目前風景區管理當局，在海邊建有4.5公里的觀光道路和大

國賓海水浴場

型的海濱公園，所以來此游泳更為方便。除了游泳之外，這裡也有沙灘排球、拖曳傘、水上摩托車、風浪板等等水上活動，海邊的一角還有遊艇俱樂部，可以搭船出海。

主題樂園

發現王國

🕐 3～6月中09:30～17:00，6月中～9月中09:30～21:00，9月中～10月09:30～17:00

📞 (0411)879-00000

💲 門票190元人民幣

http www.discoveryland.cn

　　發現王國是中國東北地區的第一座主題樂園，由新加坡瑞克

石油公司與大陸海昌集團共同投資興建。裡面的設施包括烈日廣場、傳奇城堡、魔法森林、神秘沙漠與瘋狂小鎮等。除了遊樂設施之外，這裡還有一座兩層樓高的哥德式建築——婚禮殿堂，是一些當地人舉行婚禮的地方。不過這裡的遊樂設施，仍及不上台灣類似的主題遊樂園，但是票價則更為昂貴。

大連郊區・旅順口區

Dalian

概況導覽

旅順位於大連市區的西方,位於遼東半島的最南方,原來是一座獨立的城市,旅順軍港向來與大連商港並稱,在歷史上1894年的甲午戰爭與1904年的日俄戰爭,旅順都是兩軍爭奪的主戰場,因此留下不少歷史遺跡。

目前行政上則是隸屬於大連市的旅順口區,旅順距離大連市區約45公里,因此如果要前往旅遊,必須規劃一天的時間,一般遊客以參加當地一日遊的行程最為方便。

公共交通方面,從大連火車站後面的站北廣場,有兩路公車前往旅順,分別是旅順快客(快速公車)票價7元,與旅順公交車票價5元,其中快客因為中停的站點較少,因此行進速度較快。基本上旅順的各個景點距離不遠,搭乘當地計程車便可連接。

旅順口區街道景點地圖

清軍南子彈庫 P64

二龍山堡壘

日俄監獄舊址 P63

萬忠墓 P71

蘇軍烈士陵園 P68

清軍瓦礫館 P66

白玉褡 P66

蛇頭要塞 P65

勝利塔 P70

萬國生態博物館 P67

博物館 P68

獄城遺址 P68

旅順站火車站 P70

東雞冠山景區
P69

白玉山景區
P58

旅順舊市區

黃金山景區

旅順新市區

太陽溝景區

旅順口

東港

西港

黃海

盤明要塞 P65

旅順大塢

203高地

✉ 大連市旅順口區西方
🕐 07:00～17:00
📞 (0411)863-80203
💲 門票30元人民幣

203高地是因為高度達203公尺而得名。在清朝末年日俄爭奪東北的歷史中,清廷雖然在甲午戰爭中被擊敗;但是隨之而起的日俄戰爭,日俄兩大強國卻在旅順激戰,其中203高地就是最重要的戰場。

203高地是旅遊旅順時的重要景點,幾乎所有的套裝旅行都會來此一遊。景點入口處有轎夫提供滑桿(軟轎)載客服務,可以節省登山的腳力,每人費用為50元人民幣。在爾靈山紀念碑的對面山頭,有一個高塔可以俯瞰整個旅順軍港。

高地轎夫

知識充電站

日俄戰爭的激戰地
——203高地

1904年日俄戰爭開始,俄軍派重兵1萬人堅守203高地,日軍則以4萬人強攻,結果兩軍在這裡展開殊死戰。現場砲彈橫飛、血流成河,結果日軍在犧牲1萬7千人的代價下,擊潰俄軍、奪下這個戰略重地。戰後日軍收集沿路的子彈殼與炮彈殼,加以高溫熔解後,鑄造成一個子彈形狀的紀念碑,並且依203高地的諧音,命名為「爾靈山」,來告慰陣亡的官兵。

爾靈山紀念碑

日俄監獄舊址陳列館

✉ 大連市旅順口區向陽街139號
🕐 07:30～17:00
📞 (0411)866-10676
💲 門票25元人民幣

沙俄控制旅順期間，俄羅斯人於1902年時建造了日俄監獄，用來關押犯人之用。1904年日俄戰後，日本繼承了俄國在東北的特權，開始控制旅順、大連，同時也接收了這座監獄，並於1907年加以擴建。在沙俄控制時期，監獄共有牢房85間，後來擴增到了275間，總共占地2.6萬平方公尺。

監獄內部除了牢房之外，還有窯場、菜地、工廠、醫務室、檢身室、刑訊室、絞刑室等。監獄

旅順日俄監獄內部

四周的紅磚圍牆高達4公尺、全長725公尺，牆上還架著電網與崗哨。在日本統治期間，這裡關押的多是中國的抗日志士，二次世界大戰期間也關進了韓國人與俄國人，最高峰時曾經同時關押兩千多名犯人。根據統計，二次大戰期間，在這座監獄中喪命的犯人約有700多人。

旅行小抄

監獄中的刑訊室是最恐怖的地方，裡面有各種刑求的工具，包括老虎凳——這是一種將犯人綁在大字型的木床上，然後用鞭子鞭打的刑求方式。監獄也根據犯人的服從程度，來供給飯量：方法是在碗內放入大小不一的木塞，較服從的犯人，木塞較小，越反抗的犯人木塞越大。木塞的大小共分為七級，最大的木塞放入碗內後，可以盛放的飯量已經所剩無幾，所以犯人大都處在飢餓狀態之中。

老虎凳

萬忠墓紀念館

✉ 大連市旅順口區九三路23號
🕐 夏天 07:30～17:00
　　冬天 08:00～16:30
📞 (0411)866-12924
💲 門票15元人民幣

　　萬忠墓紀念館位於旅順汽車站的北側,這是為了紀念清末甲午戰爭期間,被日軍屠殺的旅順居民所建。日本殖民時期,日本人原本有意摧毀萬忠墓,但因當地百姓反對而作罷。1994年在墓旁新建紀念館一座,占地2,000平方公尺,內部展示甲午戰爭期間立體形勢模型,與愛國將領徐邦道的塑像等。紀念館開幕當時,由國務院總理李鵬親筆為館址題字,目前是大陸的愛國主義教育基地。

知 識 充 電 站

甲午戰爭屠殺紀念碑——萬忠墓碑石

1894年中日甲午戰爭,日軍攻進旅順,清軍在將領徐邦道率領下抵禦,但是很快就被擊潰。日軍進城後展開屠殺,總計4天3夜的時間,共有1萬多人遇害,全城只剩36人活命。事後日軍將屍體焚燒,並埋葬在白玉山東麓,1896年清廷派員在此地立起萬忠墓碑石,來紀念這段歷史。

清軍南子彈庫

✉ 黃金山海水浴場南側
🕐 全天開放

　　清軍南子彈庫位於旅順港口區模珠礁西海岸邊,是一座保存完好的清軍地穴式彈藥庫,結構為石造。1880年,清廷修建旅順船塢和岸邊炮台時,同時修建了這座彈藥庫。在甲午戰爭其間,這裡儲存有大量的槍械彈藥,對於支援作戰有部分作用,但是因為清朝的陸軍迅速崩潰,所以沒有能夠提供保衛遼東的功能。

彈藥庫面積約1,265平方公尺,外側築有圍牆,東西牆面上的「龍蟠」、「虎踞」刻石,據說是由清末北洋大臣李鴻章親自提寫

旅順軍港

📧 大連市旅順口區黃河路底
🕐 淡季 08:00～16:00
　　旺季 06:00～18:30
📞 (0411)866-22735
💲 門票5元人民幣

　　旅順軍港是舉世知名的東方不凍港，也是列強在中國競逐的舞台，曾經被稱為世界五大軍事良港之一。地理上，旅順軍港扼守黃海、渤海與東海的咽喉，形勢險要、易守難攻，所以在歷史上幾度成為大戰的戰場。

　　目前旅順軍港仍是中共扼守東北的重要門戶，軍港內可以看到一些大陸海軍的艦艇。軍港位於旅順火車站外，軍港的東側已經開放為公園，只要 買門票就可以入內參觀。

知識充電站

第一支西式海軍的基地——旅順軍港

旅順建港始於清末的1880年，在當時北洋大臣李鴻章的主持之下，這裡成為中國第一支西式海軍——北洋艦隊的基地。不過1894年中日甲午戰爭爆發，北洋艦隊在頃刻之間潰滅，旅順為日軍所奪。後來在俄德法三國干涉之下，日本歸還遼東，但是旅順卻落入俄國的勢力範圍，成為沙俄的太平洋艦隊基地。

1904年日俄戰爭爆發，日本突襲旅順，並且在相繼擊潰俄國的太平洋艦隊與波羅的海艦隊之後，又將旅順劃為勢力範圍，直到1945年二次大戰結束。戰後旅順軍港由中俄共同管轄，到1955年時蘇俄軍隊才全部撤退。

大連郊區・旅順口區—熱門景點

萬忠墓紀念館、清軍南子彈庫、旅順軍港

白玉山景區

白玉塔

✉ 大連市旅順口區白云山北路
🕐 07:00～17:00
📞 (0411)861-10441
💲 38元人民幣(包括白玉山、兵器館與奇石館)，往返索道32元人民幣

　　白玉山位於旅順市區，與黃金山隔旅順大塢遙遙相對。白玉山地形險要，雖然只有130公尺的高度，但是因為居高臨下，向來是旅順軍港的兵家必爭之地。1905年日俄戰爭之後，日軍在山頂上建立一座高66.8公尺的「表忠塔」(現稱白玉塔)，來紀念陣亡士兵。塔的外型呈現燃燒蠟燭狀，登到塔頂可以一覽旅順港的全貌。白玉山的南麓建有甲午戰爭時期的古炮，古炮是於1889年由德國的克魯柏公司所製造，口徑達到210厘米。

旅行小抄

　　白玉山命名的由來很簡單：當年清朝的北洋大臣李鴻章到旅順巡視，攀登白玉山觀看旅順港形勢，隨口將對面的山丘命名為黃金山；而白玉山與黃金山相對，「既有黃金，便有白玉」，於是將此地命名為白玉山。

【旅順海軍兵器館】

✉ 大連市旅順口區白玉山風景區
🕐 07:00～17:00
📞 (0411)866-41141
💲 包含於白玉山景區門票內

　　旅順海軍兵器館位於前往白玉塔的路上，這裡本來是日軍建立的白玉神社納骨塔，1988年7月塔被削平，改建為海軍兵器館。館內有甲午戰爭、日俄戰爭等室內展廳；還有七大系列、600多種武器的武器展示，包括魚雷快艇、導彈、直升飛機、大炮、雷達、深水炸彈、水雷等。

旅順博物苑

📧 大連市旅順口太陽溝景區友誼路與列寧街之間
🕐 08:00～17:00
📞 (0411)863-84418
💲 博物苑門票8元人民幣

旅順博物苑位於旅順太陽溝風景區內，占地15公頃，目前園區裡有旅順博物館、植物園、蛇博物館、中蘇友誼塔等景點，是一個可以一舉了解旅順地區歷史與生態的地方。

【蛇類生態博物館】

🕐 08:00～17:00
📞 (0411)863-84418
💲 門票38元人民幣

這是大陸第一座以蛇類為展出主題的博物館，館內展出旅順外海的蛇島所特有的黑眉腹蛇，以及其他的蛇類與爬行類動物。旅順蛇島是一座奇特生態環境的島嶼，島上約有1萬8千條腹蛇，他們以過境的候鳥為食；不過蛇島並不對外開放，要看這種特產的腹蛇，只能來這個蛇類博物館參觀。

【旅順博物館】

📧 大連市旅順口區列寧街42號
🕐 09:00～16:00，週一休館
📞 (0411)863-83006
💲 20元人民幣
📧 www.lvshunmuseum.org

旅順博物館原址建於1917年，原來是日本統治時期的關東都督府滿蒙博物館，中共建國之後，於1954年改為博物館使用。目前館內收藏有珍貴文物10萬餘件，分為於主館與分館個別展出，展出的主題包括華夏歷史文物與地方歷史文物陳列，館內特殊的陳列品包括古印度陀羅石刻、梵文佛經、新疆木乃伊以及各種青銅、陶瓷、漆器、書畫、錢幣與佛教造像等。

【中蘇友誼塔】

中蘇友誼塔顧名思義，是象徵中共與蘇聯友誼的紀念性建築。友誼塔高度22公尺，於1955奠基，當時中共總理周恩來還特別提寫了「中蘇友誼奠基」六個大字，整座塔於1957年竣工。中蘇友誼塔共有兩層塔基，塔身刻有象徵中蘇友誼的浮雕，包括天安門廣場與克里姆林宮和20個神態各異的中俄人民雕像，塔頂還有象徵中俄友誼的徽紀。

蘇軍烈士陵園

✉ 大連市旅順口區寺溝街
🕐 全天開放
📞 (0411)863-59228
💲 免費

蘇軍烈士紀念塔興建於1955年，原來的放置地點是大連市區裡的人民廣場，1999年遷到現址。蘇軍烈士紀念塔是花崗岩結構，建築面積約1,028平方公尺，塔基呈長方形，塔身則呈六角形。紀念塔的正面有一座高約5公尺的蘇聯士兵銅像，頭戴鋼盔、手拿長槍，塔基的正面刻有中俄兩國文字。

知識充電站

最大的外國人墓園——蘇軍烈士陵園

蘇軍烈士陵園是為了安葬第二次世界大戰期間，解放東北而喪生的蘇聯士官兵所建，占地約58畝。

這裡原來是沙俄統治期間的俄國人公墓，正門是一座紫色的大理石拱門，西邊的門柱上還雕刻著蘇聯16個加盟共和國的紅旗，四周圍有矮牆。陵園的廣場上還有一座蘇軍烈士紀念塔，是大陸境內最大的外國人墓園。

東雞冠山景區

【望台炮台】

✉ 大連市旅順口區雞冠中路東雞冠山景區內
🕐 夏天 06:00～18:00
　　冬天 08:00～16:30
📞 (0411)862-87271
💲 門票20元人民幣

望台炮台位於旅順東方的東雞冠山上，這是沙俄統治旅順時期，於1898年所建立的堡壘防禦工事。日俄戰爭爆發之後，這裡也是當時最後的戰場。為了爭奪東雞冠山，日軍在1905年展開大包圍作戰，傷亡了900多人才取得這處戰略要地。望台炮台目前留有俄軍建立的兩門大炮，炮口對著旅順軍港，所以當地人稱這座山是「兩桿炮山」。

【北堡壘】

望台炮台所在的東雞冠山景區內，還留有1900年俄羅斯人所建造的北堡壘。堡壘採用混凝土與鵝卵石結構，內部結構複雜，包括有指揮部、士兵宿舍、彈藥庫、炮陣地等，形成一座堅固的防禦堡壘，北堡壘附近還建有一座日俄戰爭陳列館。

勝利塔

📧 大連市旅順口區友誼路
🕐 全天開放
💲 免費，登塔5元人民幣

勝利塔是旅順市內，紀念蘇聯軍隊占領的三個塔之一。勝利塔建於1955年蘇聯軍隊撤退的前夕，目的是為了紀念二次世界大戰末期，蘇聯出兵東北，戰勝日本帝國主義而修建。勝利塔高度45公尺，基座呈五角形，上方建有列柱迴廊。塔尖高5公尺，材質採銅製鍍金，最頂端是鑲著穗飾的五角星，整座塔尖在陽光照耀下，金光閃閃、氣象非凡。在基座購買門票可以進入五角形的塔身內部，攀登100多級階梯之後，可以抵達二層平台，眺望旅順風光。

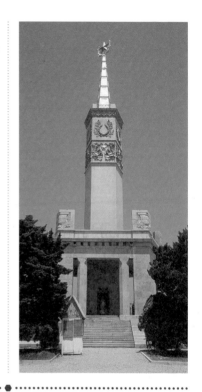

旅順火車站

📧 大連市旅順口區友誼路
🕐 全天開放

旅順火車站是沙俄侵略東北時，所建南滿鐵路的終點，也是目前大陸境內少見的歐陸風格火車站亭，目前仍然在使用，只是乘客不多。火車站候車室為木質結構，白牆綠瓦非常搶眼，是一座融合哥德式與俄羅斯風味的建築佳構。

Dalian

大陸購物需注意

玩家交流

　　中國東北地大物博，但是很奇怪的並沒有許多有特色的紀念品。現在最著名的當地產品，依然是民國初年時的東北三寶。如果是旅行團的遊客，則是時常會被帶到當地的中藥店購物一番。不過基本來說，即使到中藥行也只有一些原材料值得買，一些成藥時常有品管上的問題，但是中藥材目前也喊價極高，已不是當年物美價廉的情況。

　　此外在大陸購物，常會有偽貨、換貨與漫天要價的情形，偽貨是有些商家會以假亂真，把假貨當真貨賣。換貨是當初要買的東西，在付錢之後發現被調換，這種情形時常在回家後才發現，很容易引起消費糾紛。最後大陸的商家，對於外地的遊客時常會漫天要價，這種情形當地人很熟悉，因此常會從1～3折之間還價，但是如果照原價買，或是殺價太少，都不免成了冤大頭。基本上來說，東北並不是消費購物的理想所在，如果有需要在當地購物，預算金額不要太大，而且決定前最好多做比較，才不會吃虧。

鹽場

鹽場海鮮一條街

✉ 大連市旅順口區鹽場新村

　　鹽場位於大連通往旅順的街上，這裡由於有一個小漁村進行近海漁業捕撈，所以常有新鮮的海產沿路販賣，久而久之一些大連人路過時，會買一些便宜的海產回家料理，或者交由這裡的攤商，進行簡單的烹煮，是一個體會當地民情風味的地方。

鹽場海邊風光

逛街娛樂

俄羅斯風情街

✉ 大連中山區團結街，市中心勝利橋北側

俄羅斯風情街原名團結街，位於大連火車站附近、勝利橋以北，街口的建築就是大連藝術展覽館。這裡原來是沙俄在大連建市時，最早建立的街道；幾年前當地政府把這條430公尺長的道路翻修一新，兩旁還坐落著20幾棟俄羅斯風味的房子，所以成為遊客感受俄羅斯異國風情的最佳選擇。

俄羅斯風情街目前規劃成徒步區，兩側商店賣有俄羅斯娃娃、俄國望遠鏡、皮帽、徽章等富俄國風味的紀念品；不過在這裡買東西，需要努力的殺價。俄羅斯風情街在冬天比較蕭條，夏天遊客較多，不過這裡看不到真正的俄羅斯人，幾乎所有的店家都是當地人開的。

青泥洼街

✉ 大連市中山區人民路與五惠路之間，面對勞動公園

青泥洼街是目前大連市內最高級的購物鬧區，這裡集中了大陸東北地區最豪華的賣場，包括有台資的太平洋百貨、老牌的大連商場、秋林女店與外資的邁凱樂商場等。這裡的街道也規劃成為步行區，街道中央的舞台上，不時還會有表演或比賽，有些時候還可以看到傳統大秧舞的競賽或演出。

南山日本風情街

✉ 大連中山區南山路

　　南山路位於大連市中心南側，在這條街道附近的七七街、濟南街、望海街與山林街區域裡，共座落有120多棟日本式的高級別墅。為了開發商機，當地政府在近年投入4億人民幣，新建與整建各式別墅，將南山路打造成具有日本色彩的特色商圈。

　　依照原有規劃，南山路上將有日本餐廳、茶館、咖啡館、表演廳與書店等設施。目前餐廳與咖啡館等設施已陸續進駐，整體街道也彷彿可以看到些許的日本氣氛。

美食推薦

選入宮廷滿漢大餐的餃子

大青花餃子館
（五五路口店）

✉ 大連市中山區五五路5號
🕘 09:00～21:00，無例休日
📞 (0411)828-15965、836-41666
💲 人均消費約20元
❗ 私房推薦(人民幣)：海鮮餃子88元、黃花魚餃子37元、滿族餃子32元、海腸肉餃子32元

菜餚口味 ★★★★
人員服務 ★★★
用餐環境 ★★★
價格價值 ★★★★

大青花餃子最早是住在東北沙河的滿族正黃旗胡姓族人於清乾隆年間所創，後來部分餃子被選入宮中的滿漢大餐中，特色是料多、味濃、鮮香。大青花餃子館在大陸許多城市設有分店，在大連也有幾家。

這家位於五五路口的大青花餃子館，外觀是設計成清代的王府式樣，內部陳設也頗為復古，除了當地人之外，這裡也受到外國商人與遊客的歡迎，常可看到外國面孔的食客。

這裡餃子的價格依內餡而不同，每人份有10多個，其中一些海鮮內餡與滿族餃子，台灣比較少吃到。選定餃子種類後，可以再選定水煮、清蒸與油煎3種料理方式。除了餃子之外，這裡也供應一些東北菜餚與海鮮料理。

❶ 點菜後，店家還會贈送手磨的鹹豆花，口味也不錯
❷ 黃花魚餃子
❸ 大青花餃子館外觀
❹ 餃子館內部古色古香

人氣超夯的魚料理餐廳

鳴記炭火烤全魚
（三八廣場店）

烤肉串

✉ 大連市中山區五五路61號

🕐 11:00～22:30，無例休日

📞 (0411)398-21234

❗ 私房推薦(人民幣)：鯰魚、黑魚、江團等28～78元(斤)，配菜加1種4元、烤肉4～8元(串)

菜餚口味★★★★

人員服務★★★

用餐環境★★★

價格價值★★★★

　　鳴記炭火烤全魚是大連市內人氣非常旺的一家餐廳，目前在市區各處有多家分店。這裡魚料理的做法，是先烤後燉，吃起來別有一番滋味，因此非常受到當地人的歡迎。在用餐時刻，來這裡吃飯的客人很多，生意好的時候時常需要排隊等上半個小時。

　　這裡的魚有許多種類，價格高低不同，但是都標榜現殺現宰，而烤魚又可做成麻辣、豆鼓、泡椒等口味。但是也因為現殺現做，因此烹調時間較久，一般人會先點幾串烤肉串邊吃邊等。

鳴記炭火烤全魚內部

旅 行 小 抄

大致來說，這裡烤魚的口味較重，但是搭配啤酒一起吃，可以沖淡辛辣的口感。對於喜歡重口味的人來說，這裡是很值得一試的地方，但是不適合喜歡清淡口味的人。

麻辣黑魚

物美價廉的當地家常菜

68-86 老菜館 🌶️

✉️ 大連市中山區昆明街與自衛街交叉口
🕘 09:00～21:00，無例休日
📞 (0411)826-57491
❗ 私房推薦(人民幣)：蔥油鳥貝45元、魚香蝦仁45元、茼蒿海蠣子34元、海鮮雜拌78元

菜餚口味 ★★★★⯪
人員服務 ★★★
用餐環境 ★★
價格價值 ★★★★★

蔥油鳥貝

茼蒿海蠣子

在大陸美食網站上受到推薦的這家餐廳，以供應傳統的大連當地家常菜與老菜聞名，特色是物美價廉，口味不錯，分量又大。這家餐廳位置在一條巷子裡，外表不起眼，裡面裝潢也很樸素，雖然營業地點不明顯，之所以能夠吸引顧客前來，主要就是靠菜餚的口味與實惠的價格。

68-86 老菜館外觀

旅 行 小 抄

由於大連臨海，這裡的海鮮都算新鮮，但是做法上對於台灣人來說，有點偏油、偏鹹，這也是當地東北菜的特色。由於有些菜的分量大，因此基本上一個人只要點一道菜就足夠，點多了就會吃不完。近幾年大連餐廳的價格飆漲很厲害，許多海鮮餐廳的料理價格甚至比台北還貴，不過在這家小餐廳倒是可以用實惠的價錢，品嘗道地的大連海鮮料理。

Dalian

海鮮雜拌

在地人推薦的日式美味

大連壽司樂

✉ 大連市中山區龍泉街(近盛港灣公寓)
🕐 11:30～14:00、18:00～24:00，無例休日
📞 (0411)823-09588
❗ 私房推薦(人民幣)：炸蝦鰻魚龍捲58元、加州三文魚捲40、金槍魚細捲30元、特色沙拉48元、貝類小鍋48元、醬湯36元

菜餚口味 ★★★★
人員服務 ★★★
用餐環境 ★★★
價格價值 ★★★

　　日本曾經統治大連40年，在都市景觀留下不少痕跡，在飲食上也有一些影響。例如日本料理在這裡的接受程度，就比其他大陸城市要來得高。壽司樂就是一家當地人推薦的日本料理餐廳，主要提供壽司料理。

　　這家餐廳位置在大連香格里拉大飯店附近的巷子裡，提供的料理口味不遜於台北的高級日本料理餐廳，不過價格同樣也不便宜。除了一些傳統口味的壽司之外，這裡也提供經過美國改良的壽司：加州捲，適合吃膩了當地菜餚的遊客，換換口味。不過這裡的菜餚名稱和日本的原有名稱有些差別，例如醬湯就是味噌湯，金槍魚細卷就是鮪魚做的鐵火卷。

炸蝦鰻魚龍捲

貝類小鍋

特色沙拉

壽司樂內部，店面不大，但裝潢還算新潮

受歡迎的老牌海鮮餐廳

天天漁港酒店
（延安路店）

玉米粒餅

✉ 大連市中山區延安路41號
🕐 09:00～22:00
📞 (0411)828-13846、828-22278
❗ 私房推薦(人民幣)：烤大蝦48元、海膽88元、海蟹69元(斤)、海參168(斤)

菜餚口味 ★★★
人員服務 ★★★
用餐環境 ★★★
價格價值 ★★

燉白菜

　天天漁港是大連市區，老牌的海鮮連鎖餐廳之一；菜餚以大連當地所產的海鮮與具有本地特色的燉菜為主。天天漁港由於經營的型態很受歡迎，所以分店一家一家的開，目前在全市各處幾乎都可以看到這家餐廳的蹤跡。

旅行小抄

天天漁港餐廳在大連已有相當歲月，在營運早期以物美價廉聞名，但是近幾年大連物價飛漲，這裡的海鮮價格也跟著水漲船高，已不比在台灣吃海鮮的費用低廉。不過這裡烹調海鮮的口味穩定，因此多年以來一直有固定的客群支持。

　餐廳裡的鮮活海產放在玻璃水箱或是塑膠桶裡展示，各種海鮮都會標上時價。點菜時就直接到水箱前挑選，然後告訴店員想吃的料理方法。此外在水箱一旁的冷藏櫃內，會有配好原料的現成菜餚展示，食客也可以直接點這種菜，整盤原料就被拿去烹煮，表示誠實無欺。

麻辣小龍蝦

便宜的自助快餐

亞惠快餐
(勝利廣場店)

✉ 大連市中山區中山路28號勝利廣場內
🕐 09:30～21:00
📞 (0411)825-02525
💲 人均消費約20元

菜餚口味 ★★
人員服務：自助
用餐環境 ★★
價格價值 ★★★

亞惠快餐是大連廉價餐廳的代表，在大連很多地方都可以看到它的蹤影；在多年前曾經盛極一時，但是最近幾年，因為本地人的收入增加了，胃口也養刁了，所以生意不如從前。

勝利廣場地下樓本來是有名的廉價美食城，原本有許多各色小吃攤，但是目前只剩下亞惠快餐是其中屹立不搖的一家。亞惠快餐從早餐時間就開始營業，販賣類別從廣東粥、自助餐盤菜到火鍋都有。特色是價錢便宜，但是口味不出色。這也是一般大陸快餐店的通病，至於用餐環境則尚稱乾淨。

海產新鮮豐富

金石灘海鮮一條街

✉ 金石灘風景特區東部
🕐 午餐、晚餐
💲 人均消費約50元

菜餚口味 ★★　　用餐環境 ★
人員服務：無　　價格價值 ★★★

金石灘海鮮一條街位於金石灘景區的東部，沿海有一個小漁村，所以海產豐富新鮮。用餐的環境是一處用棚子搭起來的場地，棚外一面是沙灘、漁船，另一面則是販賣海產的餐廳。桌椅

雖簡陋，料理的方式樸素，但是另有一番滋味。

搭棚對面也有幾家餐廳，但是環境一樣簡陋，生猛海鮮就放在塑膠臉盆裡保存販賣。點菜時先問清楚每一種海鮮的價格，然後告知烹調方法。這裡最常用的煮法就是清蒸與水煮，不過新鮮的漁獲吃起來滋味到底不同。

人氣商圈裡的美食街

麻記小食街

✉ 大連市中山區清泥洼橋大商新馬特購物中心1樓
🕐 09:00～21:00，無例休日
☎ (0411)836-31289
❗ 私房推薦(人民幣)：鮑魚撈飯26元、鹹魚餅子22元、黃花魚丸湯29元

菜餚口味★★★
人員服務★★★
用餐環境★★★
價格價值★★★★

麻記小食街位於大連人氣最旺的清泥洼商圈內，這裡供應一些道地的東北料理，如鹹魚餅子、黃花魚丸湯等，由於價格不高，口味也還可以，很適合到這裡逛街購物時，品嘗一下當地口味。

❶鹹魚餅子
❷麻記小食街內部

中華名小吃

李連貴燻肉大餅

✉ 大連市中山區昆明街36號
🕐 午餐、晚餐
☎ (0411)828-06436
❗ 私房推薦(人民幣)：燻肉大餅一套15元、熗土豆絲10元、魚香肉絲28元、鮑汁海鮮撈飯32元

菜餚口味★★★
人員服務★★★
用餐環境★★❶
價格價值★★★★

李連貴燻肉大餅是中國東北的著名小吃之一，由東北人李連貴在1908年時，於遼寧省四平梨樹鎮所創。目前在大陸幾十個城市都有連鎖店，在大連的青泥洼街上就有一家，1997年這種大餅還獲得了大陸「中華名小吃」的稱號。

大連的李連貴燻肉大餅店，是採取自助餐的經營方式：每個人拿著一個方盤子沿著動線點菜，最受歡迎的，當然就是物美價廉的李連貴燻肉大餅。一份燻肉大餅包括一盤燻肉與兩塊大餅，才賣15元人民幣。

旅 行 小 抄

李連貴燻肉的作法，是先將肥瘦適中的豬肉浸泡調味，再配以丁香、肉桂等中藥材煮熟與煙薰製成。成品色澤黃澄、香氣綿遠、肥瘦合度、鹹度適中。吃的時候將薰肉切片，夾入薄油酥餅當中，再加入蔥段與甜麵醬，是一道粗獷卻美味的料理。

住宿情報

大連日航飯店

大連日航飯店,前身是大連希爾頓酒店,目前是一家國際五星級酒店,位置座落於大連長江廣場建築群中,緊鄰大連市的金融商務中心,附近環境熱鬧便利,走路就可以到達俄羅斯風情街、中山廣場、人民路等。

✉ 大連市中山區長江路123號
☎ (0411)825-29999
FAX (0411)825-29900
💲 高級雙人間人民幣1,080元起
http www.nikkodalian.com.cn/cn
⭐ ★★★★★
🛏 372間
🍴 中西餐廳、咖啡廳、酒吧、商務中心、商場、迪斯可舞廳、卡拉OK、游泳池、網球場、健身房、三溫暖

希爾頓酒店

✉ 大連市中山區長江路123號
☎ (0411) 252-9999
FAX (0411) 252-9900
💲 高級房人民幣598元起
⭐ ★★★★★
🛏 375間
🍴 中西餐廳、咖啡廳、酒吧、商務中心、商場、迪斯可舞廳、卡拉OK、游泳池、網球場、健身房、三溫暖

希爾頓酒店是國際希爾頓酒店集團館管理的國際五星級酒店,坐落於大連長江廣場建築群中,附近環境熱鬧便利。目前酒店的第35、36層樓規劃為「空中會所」,是目前大連最高級的娛樂、餐飲會員俱樂部之一。

大連瑞詩酒店

✉ 大連市五惠路21號
☎ (0411)823-03388
FAX (0411)823-02266
💲 標準房人民幣740元起
http www.swishhotel.com.cn
⭐ ★★★★★
🛏 327間
🍴 中西餐廳、咖啡廳、酒吧、商務中心、商場、游泳池、健身房、三溫暖

　　大連瑞詩酒店原來是由著名的瑞士酒店集團(Swissotel)管理的國際五星級酒店，但是目前已經脫離管理關係，而由大陸業主自行經營。酒店位於大連最高級的青泥洼商圈一側，面對面積龐大的勞動公園，休閒購物非常方便。酒店房間分為園景房與海景房，其中以園景房的景觀較佳，值得一提的是酒店的大廳位於8樓，是很少見的設計。

香格里拉大酒店

✉ 大連市中山區人民路66號
☎ (0411)825-25000
FAX (0411)825-25050
💲 豪華房人民幣1,300元起
http www.shangri-la.com/dalian/shangrila
⭐ ★★★★★
🛏 562間
🍴 中西餐廳、咖啡廳、酒吧、商務中心、商場、迪斯可舞廳、游泳池、網球場、健身房、三溫暖

　　大連香格里拉大飯店，是由國際香格里拉集團所管理的國際五星級大飯店。飯店位於大連金融中樞的人民路上，距離中山廣場很近。香格里拉大飯店於1997年開始營運，飯店的房間設計高級，每個房間都設有獨立的保險箱與國際電視頻道。

富麗華大酒店

✉ 大連市中山區人民路60號
☎ (0411)826-30888
FAX (0411)828-04455
💲 標準房人民幣800元起
http www.furama.com.cn
⭐ ★★★★★
🛏 620間
🍴 中西餐廳、咖啡廳、酒吧、商務中心、游泳池、桌球室、保齡球場、健身房、三溫暖

　　富麗華大酒店是大連最早的五星級酒店,酒店位於熱鬧高級的人民路上,距離中山廣場與港灣廣場都不遠。酒店在2008年時曾經重新裝修,所以設備並不顯老舊,酒店的前方有一處整理良好的綠地。

九州華美達大酒店

✉ 大連市中山區勝利廣場18號
☎ (0411)828-08888
FAX (0411)828-09704
💲 標準房人民幣600元起
http www.ramada.com
⭐ ★★★★
🛏 402間
🍴 中西餐廳、咖啡廳、酒吧、迪斯可舞廳、卡拉OK、游泳池、健身房、三溫暖

　　酒店位於大連火車站前的勝利廣場一角,交通方便,生活機能便利。這家酒店本來是由假日酒店集團管理,目前改由美國的華美達(Ramada)酒店集團管理,是一家國際性的四星級旅館。酒店樓高23層,特別的是酒店的接待大廳在2樓,而不是1樓。酒店於2007年時曾經裝修過。

渤海明珠大酒店

✉ 大連市中山區一德街5號
☎ (0411)881-28888
FAX (0411)399-18158
💲 標準房人民幣460元起
⭐ ★★★★
🛏 390間
🍴 中西餐廳、咖啡廳、酒吧、迪斯可舞廳、卡拉OK、游泳池、健身房、三溫暖

　　位於大連火車站商圈的勝利廣場一角,曾於2012年重新裝修。這是一家大陸本土品牌的酒店,

知名度不如大連市內的一些國際品牌,但是價格也比較便宜,交通也很方便。在酒店的30樓設有一家旋轉餐廳,可以在用餐時欣賞大連的市景。

凱萊大酒店

- ✉ 大連市中山區一德街5號
- ☎ (0411)828-08855
- 📠 (0411)828-08533
- 💲 豪華間人民幣440元起
- 🌐 www.gloriahotels.com
- ⭐ ★★★★
- 🛏 211間
- 🍴 中西餐廳、咖啡廳、酒吧、商務中心、迪斯可舞廳、卡拉OK、按摩室

　　由香港的Gloria集團管理的三星級酒店，這家酒店的位置相當優越，距離中山廣場很近，但是又可以鬧中取靜。酒店曾於2005年全新裝修，但是和一些新開幕的酒店相比，設施仍稍屬落後，但是房價相對也較便宜。

大連國際酒店

- ✉ 大連市中山區人民路9號
- ☎ (0411) 263-8238
- 📠 (0411) 263-0008
- 💲 高級房人民幣300元起
- ⭐ ★★★★
- 🍴 中西餐廳、咖啡廳、商務中心、酒吧、迪斯可舞廳、卡拉OK、桌球室、商場、健身房、三溫暖

　　位於人民路上的國際酒店是大陸品牌的四星級酒店之一，酒店開業於1987年，1999年時曾經進行整修，共有24層樓高。

富源商務酒店

- ✉ 大連市世紀街18號
- ☎ (0411)825-57666
- 📠 (0411)825-57899
- 💲 標準間人民幣310元起
- ⭐ ★★★★
- 🍴 中西餐廳、咖啡廳、會議廳、商務中心、三溫暖、美容美髮

　　大連富源商務酒店是由大連海盛實業有限公司投資，按四星級標準建造的商務型酒店。酒店樓高26層，內部除了酒店外還有辦公室與商住公寓。

大連三八宜必思酒店

✉ 大連市五五路49號
📞 (0411)398-65555
FAX (0411)398-65588
💲 標準房人民幣140元起
http www.ibishotel.com/zh/hotel-6767-ibis-dalian-sanba/index.shtml
⭐ ★★
🛏 264間
☕ 餐廳、咖啡廳

國際連鎖的廉價Ibis酒店在大連也有一家分店：大連三八宜必思酒店，位置在市中心東邊的三八廣場附近。這裡距離熱鬧的商業區雖然有些距離，但是附近生活機能倒是相當方便，步行就可以到達家樂福量販店與日本風情街。

雖然是歐洲Accor集團內的便宜旅館品牌，但是這家旅館集團同時也管理五星級的Sofitel與四星級的Novotel，因此Ibis旅館雖然價錢便宜，但是房間裝潢倒是不簡陋，走的是明亮簡單的路線，很適合個人出差或旅行投宿。這家旅館在夏天旺季時的房價要賣到200多元人民幣，但是冬天淡季時降到只剩100多元，算是大連市內相當經濟實惠的選擇。

凱賓斯基飯店

✉ 大連市解放路92號
📞 (0411)825-98888
FAX (0411)825-96666
💲 標準房人民幣1,000元起
http www.kempinski.com/en/dalian/hotel-dalian/welcome
⭐ ★★★★★
🛏 400間
☕ 中西餐廳、咖啡廳、室內游泳池、三溫暖、健身房

由歐洲的凱賓斯基集團管理的大連凱賓斯基飯店，位於熱鬧的青泥洼商圈，正面對勞動公園，生活機能良好。飯店於2005年開業，是一座國際五星級的旅館，內部還有游泳池、健身房與三溫暖等設施。

哈爾濱

雪上冰城

哈爾濱是黑龍江省的省會,在以往有東方莫斯科,或東方小巴黎的美譽。主要是指在俄羅斯的統治期間,這裡曾是遠東著名的商埠,而且曾經聚居了30多個國家的20萬僑民。

由於緯度偏高,又地處內陸,所以哈爾濱的冬季氣溫很低,為它贏得了「冰城」的稱號。哈爾濱的四季都有不同的面貌,目前冬天的哈爾濱冰雪節,已經在中國大陸全國知名,成為熱門的冬季旅遊活動;夏天也是著名的避暑勝地。

哈爾濱街道景點地圖

往東北虎林園
P.104

松

太陽島公園 P.94

太陽島風景區

哈爾濱極地館 P.102

花

太陽天道

松花江索道 P.93

喀秋莎俄式餐廳
P.109

大新街

防洪紀念塔
P.92

凱萊酒店 P.114

露西亞西餐廳 P.108

兆麟公園 P.98

老昌春餅 P.110

斯大林公園
P.92

金谷大廈
P.115

反區路

往冰雪大世界
P.96

江

波特曼西餐廳 P.112

西五道街

馬迭爾賓館 P.114

華梅西餐廳
P.111

西十二道街

聖索菲亞教堂 P.90

中央大街
P.106

松花江公路大橋

香格里拉大飯店
P.114

東安街

霓虹街

哈爾濱

往七三一部隊遺址 P.91

88

哈爾濱遊樂園 P.103

極樂寺 P.104

宜必思酒店 P.115

東方餃子王 P.107

濱江站

民族博物館 P.105

文廟 P.105

龍塔 P.99

往森林植物園 P.103

89

熱門景點

聖索菲亞教堂
（哈爾濱市建築藝術館）

✉ 哈爾濱市道里區透籠街88號
➜ 搭乘公車23、66、91、106、116、201路到國信證券公司站下車
🕐 08:30～17:00
📞 (0451)846-86904、468-4170
💰 門票20元人民幣
http www.sofia.com.cn

　　聖索菲亞教堂高度53公尺，占地5萬平方公尺，是中國大陸目前保存最完整的拜占庭式建築，也是哈爾濱市最為著名的地標。索菲亞教堂建於帝俄控制哈爾濱的二十世紀初年，當時哈爾濱還被稱為東方的小巴黎。教堂最早在1907年建立時，是採用木質結構，為沙俄東西伯利亞第四步兵師的隨軍教堂。1912年改為磚造，1923年再度改建，當時是遠東地區最大的東正教禮拜教堂。

　　教堂主建築上的洋蔥型屋頂，與附閣上的俄羅斯特色帳篷式尖頂，都是在大陸難得一見的建築景觀。索菲亞教堂的前方有一座廣場，是一般市民約會、活動的場所，教堂附近也是熱鬧的商業區，是逛街的好去處。

旅行小抄

聖索菲亞教堂目前已經不再提供宗教使用，內部被改為「哈爾濱建築藝術館」。館內展示有近千幅的圖片，勾畫出哈爾濱的過去、現在與將來。館內還有一座約400平方公尺的城市模型，以600：1的比例，來展現出哈爾濱未來城市景觀建設的遠景。

建築藝術館廣場

Harbin

侵華日軍第七三一部隊罪證陳列館

✉ 哈爾濱市平房區新疆大街25號

➜ 搭乘公車338、343路到新疆大街站下車

🕐 09:00～11:30、13:00～16:00

📞 (0451)868-01556

💲 免費

侵華日軍第七三一部隊遺址是日本帝國主義侵略東北，最令人痛苦的回憶。遺址位於市區南方的平房區，外表是很不起眼的平房院落，占地約610萬平方公尺。在中共建國早期，這裡殘留的建築曾經被作為工廠、機關與住宅之用，後來七三一部隊的罪行在近年被揭發之後，當地政府從2000年起開始修護部分遺址，2001年6月12日以遺址紀念館的形式對外開放。

七三一部隊遺址所在的地方，在當年被視為禁區，而且有一個特別的名字叫「六十里地國境線」——飛機不准在天空飛行、火車經過要放下窗簾。這裡研究、製造的生物武器，主要是鼠疫、炭疽熱、痢疾與霍亂等細菌戰劑；一些以活人為實驗的珍貴資料，據說在大戰後落入美國人的手中，成為生化戰爭研究的重要文件。

旅行小抄

七三一部隊是第二次大戰期間，日軍為研究細菌戰所成立的特種部隊。當時在參戰國家中從事細菌戰研究的有很多，這裡最為人髮指的是以活人做實驗；估計在1940～1945年期間，慘死在這種細菌實驗下的中國、韓國、俄羅斯與蒙古的反日志士大約有3千人。第二次大戰結束前，由於日軍敗相已露，部隊撤退前湮滅了大部分的證據。

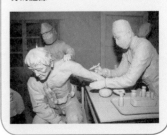

哈爾濱—熱門景點

聖索菲亞教堂、侵華日軍第七三一部隊罪證陳列館

斯大林公園與防洪紀念塔

✉ 哈爾濱市松花江南岸、中央大街盡頭
➔ 搭乘公車2、8、12、16、23、29、65、74、79、
101、102、118、204路，到防洪紀念塔站下車
🕐 24小時開放
📞 (0451)846-64315
💲 免費

斯大林公園內雕像

水面廣闊的松花江蜿蜒流過哈爾濱城區的北面，江的南面就是著名的斯大林公園。在入園之前，首先映入眼簾的是一座由20根羅馬式圓形列柱所包圍的「防洪紀念塔」。

沿著松花江堤防的帶狀公園就是斯大林公園，由字面可以知道，這是為了紀念蘇聯獨裁者史達林所命名。公園內林木翁鬱，沿路有各種塑像，增添公園內的藝術氣氛。越過河堤看到的就是

松花江了，這裡在冬天是當地居民進行各種冰上活動的地點，不管是狗拉雪橇、冰車、冰上腳踏車、冰上陀螺等都很常見。夏天則可以騎馬、遊江。斯大林公園的一隅有一處「松花江索道」，纜車通往對岸的太陽島。

❶ 斯大林公園
❷ 松花江上冬天的休閒活動

防洪紀念塔

斯大林公園與防洪紀念塔、松花江索道

松花江索道

✉ 斯大林公園內與太陽島公園內
➡ 同防洪紀念塔
🕐 08:30～17:30
📞 (0451)530-03500
💲 單程30元人民幣，來回50元人民幣

松花江索道(纜車)是連接哈爾濱市區與太陽島公園最方便的交通工具，索道的出入口位於斯大林公園公園附近，索道的硬體設施由黑龍江龍珠集團引進奧地利多佩瑪亞公司的6人纜車所興建。

松花江索道全長1,156公尺，索道距離地面約70公尺，滿載時每小時運量是1,500人。纜車的運行速度相當緩慢，每秒行進大約只有5公尺，而且車廂是全罩式，所以遊客可以從上而下，鳥瞰松花江的四季風光。缺點是纜車地面的服務人員有點怠慢，時常一群人聚在一起聊天，也不肯招呼客人。

知識充電站

紀念松花江水患平治——防洪紀念塔

松花江雖然為哈爾濱帶來水運之利，但是也時常水患成災。民國21年(西元1932年)，松花江大水漫過堤防，讓哈爾濱全市成為澤國。中共建國之後，松花江又分別在1953、1956與1957年洪水為患。其中1957年水勢最為兇猛，當時水位高達120公尺，比起哈爾濱市區還高出4公尺；洪峰持續月餘，沿江堤壩險象環生，後來當地政府採取「棄鄉村、保城市」的做法，讓洪水流入附近的田野，才紓解了這次水患。水患過後，在同年11月當地政府動員民眾興建永久性的江堤，並且立碑紀念，就是現在的「防洪紀念塔」。

太陽島公園

✉ 松花江北岸
➜ 自斯大林公園搭乘索道，或搭乘公車29、
80、85、88路，在太陽島站下車
🕐 06:00～18:00
📞 (0451)881-92966
💲 門票30元人民幣
http www.taiyangdao.com.cn

太陽島公園位於松花江北岸，
與斯大林公園隔江相望。公園建
於二十世紀二〇年代，占地400萬
平方公尺，本來是俄羅斯人夏季
度假避暑的地方。四〇年代時，
沿著松花江逐漸形成別墅群與公
園。中共立國後，太陽島公園經
過大規模的擴建與整理，變成當
地居民療養與休閒的勝地。

公園內劃分為花卉區、水池、
兒童樂園與友誼園等。其中水池
部分遊客可以租船遊池，許多當
地家庭在夏天就租條小船徜徉水
中，消磨半天的時間。

太陽島公園湖面景致

此外，太陽島公園內還有一
處「哈爾濱冰雪藝術館」，是目
前大陸規模最大的室內冰雪藝術
館。藝術館以四季看冰燈為號
召，讓即使是夏季來到哈爾濱的
遊客，也可以看到當地名聞遐邇
的冰雪藝術。

旅行小抄

冰雪藝術館內是使用松花江冬天所形
成的天然冰塊，輔以人造的霜雪為材
料，製作出晶瑩剔透的冰燈與雪雕作
品。為了避免融化，館內長年保持零
下5度的氣溫，所以夏天入園必須穿
上雪衣，費用包含在門票內。

【太陽島雪博會】

$ 雪博會的門票價格每年調漲，2012年的門票價格為240元人民幣，最新門票價格可查太陽島網站確認(P94)

太陽島在冬天時，則變身成為國際雪雕藝術博覽會場地(簡稱雪博會)，這是哈爾濱冰雪節的三大活動之一。和哈爾濱其他地方的冰燈與冰雕不同，太陽島雪博會是以雪雕為主題的活動，邀請來自國內外各地的雪雕藝術家，來這裡進行雪雕的競賽，獲獎的作品會進行戶外展示。除此之外，主辦單位還會依照每年的主題，製作許多座大型的雪雕作品，這些作品有時候達到3、4層樓高，非常壯觀。

太陽島雪博會各式雪雕

太陽島雪博會國際雪雕賽獲獎作品

旅行小抄

白天看雪雕，晚上看冰燈
由於雪雕必須在白天觀賞，才能欣賞各件作品的潔白與雕工，因此太陽島雪博會入夜就會關閉。這時對於冰雪節還意猶未盡的遊客，常會搭配只適合晚上參觀的冰燈遊園會，去兆麟公園去欣賞冰燈(P98)。

太陽島雪博會內雪人

冰雪大世界

✉ 哈爾濱市太陽島西區

➡ 搭乘公車54、85、211、212、216、219、346、551、552路,到太陽島道口站下車

🕐 09:30~21:00

📞 (0451)848-84000(馬迭爾集團)

💲 票價每年調整,2012年價格為白天票(09:30~13:30)100元人民幣,晚間票(13:30~21:00)300元人民幣,元旦與春節期間晚間票再加價為330元人民幣

http www.hrbicesnow.com

在哈爾濱冰雪節的三大景區中,太陽島雪博會適合白天看雪雕,最老牌的冰燈遊園會則適合晚上看冰燈。如果能夠把大型雪雕與冰燈結合在一起,遊客就可

冰雪大世界白天景象

以從白天玩到晚上,不用來回奔波,這就是冰雪大世界當初設立的構想。

冰雪大世界是哈爾濱冰雪節中規模最大的景區,晚間場的門票也是三者中最貴。這個景區是由哈爾濱販賣冰棍知名的馬迭爾集團主辦,從1999年首次舉辦,2001年的第三屆將場址固定在松花江北岸的太陽島西區。

冰雪大世界的冰燈、冰雕的規模,比起兆麟公園(見P98)要壯觀許多,而且又有許多雪雕作品。因此許多外來遊客冬天來到哈爾

濱參加冰雪節，如果只想去一個活動景區，冰雪大世界時常成為首選。

由於同時擁有冰燈與雪雕兩種景觀，因此冰雪大世界白天與晚上的景觀完全不同。白天的冰雪大世界是一片純白景象，但是當晚上七彩霓虹燈亮起，這裡又變成多采多姿的色彩世界。因此一般遊客通常是買晚間票，從午餐過後進場，一直待到晚上看完冰燈之後才回家。至於只看日間景觀的白天票，價格相對要便宜許多。

由於冰雪大世界規模很大，冰雪的使用量也很多。這裡冰燈所需的冰磚，大多由松花江的結冰江面直接取用，但是如果下雪量不足時，這裡也會啟動人工造雪。不過冰雪大世界雖然是哈爾濱冬天最值得一遊的景點，但是這裡最大的問題是門票不斷提高，從早期的幾十元人民幣，到了2012年已經漲到每人300元人民幣，讓許多人大喊吃不消。

冰雪大世界夜景

兆麟公園

✉ 哈爾濱市道里區兆麟街北端
➡ 搭乘公車8、16、64、113、101、102路到兆麟公園站下車
🕐 05:00〜21:00
📞 (0451)846-92804
💲 10元

　　兆麟公園建於1900年，1926年時開始稱為道里公園，是哈爾濱市內歷史最早的公園，占地廣達6萬5千平方公尺。對日抗戰勝利之後，由於在1946年8月12日著名的抗日英雄李兆麟將軍下葬於此，於是改稱兆麟公園。公園在1985年改建，園內景觀現有假山、小湖與5座橋樑，硬體設施另有溜冰場、兒童樂園、花魚展覽館與露天劇場等。

兆麟公園遊樂場

　　目前黑龍江飲食服務行業協會、哈爾濱餐飲烹飪行業協會等幾個機構，在夏季會在此舉辦一年一度的「哈爾濱市消暑美食節」，推動餐飲業創新，並且展示富有特色的北方名菜與小吃，每年都吸引許多當地人與遊客參加。

【冰燈遊園會】

💲 目前每年調漲，2012年價格為200元人民幣

　　兆麟公園在每年冬天的1〜2月，會變身成為哈爾濱冰燈遊園會舉辦的場地。冰燈遊園會與台灣每年元宵舉行的燈節類似，都是聚集各種燈光藝術的展示場合，只是這裡的燈都是用冰所做成的。冰燈遊園會是哈爾濱冰雪節的三大場地中，歷史最悠

久的，從1963年創辦至今，已經有50年的歷史。不過就場地面積來說，也是三者之中最小的，但因為兆麟公園位置就在市區裡，從熱鬧的中央大街步行就可以到達，因此人氣還不錯。

由於冰燈必須在入夜後才能看出五彩光芒，因此冰燈遊園會適合晚上進入參觀，但是哈爾濱夜間的溫度很低，因此看冰燈必須特別準備好禦寒裝備，避免著涼。

龍塔

📮 哈爾濱市長江路178號
➡ 搭乘公車7、71、112、204、209、84、23路，到長江站下車
🕐 09:00～19:00
📞 (0451)823-68851
💲 門票150元人民幣

位於哈爾濱市經濟技術開發區內的龍塔，正式的名稱是「黑龍江省廣播電視塔」，是一座集合了廣播電視發射、旅遊、餐飲、氣象監測與通訊於一體的多功能高塔。龍塔興建於1998年，後來經過有獎徵名活動評選，正式定名為龍塔。西元2000年龍塔正式開幕，成為哈爾濱著名的旅遊景點。

龍塔的高度達336公尺，號稱亞洲第一高塔；其中塔座面積1萬3千平方公尺，共分為5層。塔樓位於181～206公尺處，由飛碟狀的下塔樓與圓形的上塔樓所組成，面積3,600平方公尺，共分為8層。

塔座的地下室與2樓規劃為科技樂園、秦兵馬俑軍陣展與龍的傳人蠟像展，一般遊客從3樓可以搭乘透明電梯，直接上到位於181公

尺處的室內觀光層：這裡有中國名人手型展、也可以透過圓形的玻璃鳥瞰哈爾濱市容；另外還有一道環狀的透明玻璃地板，可以讓遊客行走其上，體驗在181公尺高空行走的滋味。

室內觀光層之上，則是位於186公尺的空中旋轉餐廳，購買聯票的遊客才可以進入。之後就是位於190公尺的室外觀光平台，這裡四周沒有玻璃的阻礙，視野更為開放。室外觀光平台之上另有2層樓，分別作為星之座酒吧與星空KTV包廂對外營業，供遊客喝酒與唱歌作樂之用。

伏爾加莊園

✉ 哈爾濱市香坊區哈成公路16公里處
➡ 搭乘公車340、344路到成高子鎮，轉搭340路到伏爾加莊園站下車，或搭乘計程車前往
🕐 08:00～17:00
📞 (0451)551-56801
💲 門票180元人民幣(2012年冬季價格)
🌐 www.hrbvolgamanor.com

伏爾加莊園遊客中心

　　哈爾濱在俄羅斯的統治期間，就是俄國在遠東地區的重要商埠，城市裡聚集了為數眾多的俄國人，而且讓這裡成為中國境內最有俄羅斯風味的地方。不過近年來，由於城市的擴張，許多富有特色的俄羅斯老舊建築被拆除，間接地也減少了哈爾濱原有的旅遊吸引力。

　　伏爾加莊園最初設立的目的，就是復建一些曾經存在於哈爾濱的俄羅斯建築，讓遊客可以欣賞哈爾濱早期的風光，而且體驗一些俄羅斯風情。伏爾加莊園距離市中心約30公里，占地60多公頃，景區內有阿什河流過，又有大片森林與河灘地，景致優美。

目前在裡面已經復建的俄羅斯建築已經有30多座，其中包括聖尼古拉教堂、普希金沙龍、巴普洛夫城堡、凡塔吉亞俱樂部、米尼阿久爾餐廳與各式別墅。

　　伏爾加莊園於2012年6月開幕，是哈爾濱近年來最有野心的觀光建設，這裡空氣清新、建築優美，是非常值得參觀的景點。問題出在哈爾濱的氣候，因為到這裡遊玩以溫暖的夏季最適合，但是哈爾濱一年有大約半年的雪季，冬天一到，這裡萬里冰封非

聖尼古拉教堂

常寒冷,而且距離市區遙遠,門票價格又高,因此門可羅雀。在園區開幕時規劃的俄羅斯歌舞表演,到了冬天就不見蹤影,但園區另外規劃了越野滑雪、高山雪圈、雪橇、冰車等冰雪活動,只是較無法凸顯原有的俄羅斯特色。

❶聖尼古拉教堂內部
❷聖尼古拉教堂偏房建築
❸莊園內有各式別墅
❹巴普洛夫城堡
❺遊客中心內部
❻高山雪圈

哈爾濱極地館

海豹表演

✉ 哈爾濱市松北區太陽大道3號
➡ 搭乘公車29路到太陽島站下車,或搭乘公車13、88、119、126路,到太陽島島口/科技館站下車
🕐 09:00～17:00
📞 (0451)881-90909
💲 門票130元人民幣
http www.hrbpolarland.com

　　哈爾濱極地館占地不大,但是當地最有人氣的景點之一。這裡以展示各種寒地地區的動物為主,館內設施包括南極企鵝島、北極動物家園、海獅王國、水母世界等。其中海獅王國,遊客可以購買餌料,現場餵食海豹。

　　其實大陸許多城市都設有水族館,哈爾濱極地館與其他類似的場館最大的不同,在於表演項目。這裡除了常見的海豹、海獅表演之外,還有其他地方很難看得到的小白鯨水下表演。

雪狼

哈爾濱極地館各類水族展示

旅行小抄

精彩的海洋之心小白鯨表演

白鯨的表演節目名稱是「海洋之心」,節目由雙人雙鯨在水下進行表演,遊客透過玻璃觀賞。由於大部分節目內容在水下,因此演員必須穿著潛水裝備,然後由人與鯨做出各種動作與圖案,由於表演精彩,每場演出都吸引爆滿的觀眾。

黑龍江省森林植物園

✉ 哈爾濱市哈平路105號
➡ 搭乘公車28、51、67、69、81、208、209、217、338路到植物園站下車
🕐 週一～五07:30～18:00，週六、日07:15～18:00
📞 (0451)866-81442
💲 門票15元人民幣
http www.hljfbg.com.cn

　　黑龍江省森林植物園是大陸難得一見、位於市區內的森林植物園，面積廣達136公頃，為哈爾濱這個北國之珠，提供了清靜空氣的補給。

　　黑龍江省森林植物園建於1958年，是以研究寒帶與溫帶植物為主題的植物園，園內森林覆蓋率在9成以上，可以了解東北森林的林木結構與林相特徵。園內建有樹木標本區、藥用植物園、鬱金香園、百花園、丁香園、薔薇園、牡丹芍藥園、低地園等15處專類園區。在各個季節，不同種類花卉盛開的時期，還會舉辦各式花卉的觀賞節。

哈爾濱遊樂園

✉ 哈爾濱市南崗區東大直街1號
➡ 搭乘公車3、6、14、25、30、33、53、55、66、70、74、92、104、105、115、116路到遊樂園站下車
🕐 08:30～17:00
📞 0451-82542149
💲 門票5元人民幣
http www.hrbyly.com

　　哈爾濱遊樂園就位於普照寺的門外，這裡是哈爾濱市的父母們，最常帶領兒女前來遊玩的遊樂園，園內設施分成歡動世界、歐美動感世界、西部探險、水上世界等幾個主題區域，裡面又有雲霄飛車、旋轉木馬、碰碰船、水上漂流等遊樂設施，只是各項設施都要另行收費。遊樂園占地寬廣，綠樹成蔭，除了遊樂設施之外，也是很好消磨時間的所在。園內還有一處蘇軍烈士陵園，是為了紀念二次大戰時，在哈爾濱戰死的蘇聯士兵所建。

蘇軍烈士陵墓

園內老虎

東北虎林園

✉ 哈爾濱市松北區松北街88號
➡ 搭乘85路小巴士到東北虎林園站下車
🕐 09:00～16:40
📞 8008108114(免費諮詢)
💲 門票90元人民幣
http www.dongbeihu.net.cn

東北虎林園位於哈爾濱的北郊，這裡公共交通不便，一般是於太陽島公園內搭乘攬客的麵包車或乘計程車前往。東北虎林園占地1.44平方公里，成立於1990年，成立的宗旨是為了保護瀕臨絕種的東北虎，目前是世界上規模最大的東北虎野生動物園。

旅行小抄

東北虎林園內還提供食物給遊客購買，來餵食老虎，這和其他地方的動物園比較不同。

園區內共分為幼虎園、成虎苑與科普展館3區。成虎園內有20多頭成年的東北虎，除此之外也蓄養非洲的獅子；這裡的老虎是採取野放的方式，所以遊客必須像參觀台灣六福村野生動物園一樣，坐著車子進入參觀。車子從科普館開出，遊客必須先持門票，在科普館領號碼牌，根據順序叫號上車。幼虎苑內則有40多頭3歲以下的幼虎，還有獅子與老虎雜交所生下的獅虎，遊客可以走在鐵絲網圍成的廊道內參觀。

極樂寺

✉ 哈爾濱市南崗區東大直街9號
➡ 同文廟
🕐 06:00～16:00
📞 (0451)825-61019
💲 門票10元人民幣
http www.hrbjls.net

極樂寺目前門票與普照寺聯賣，極樂寺建於民國13年，並於民國17年開光，全寺占地面積5萬7千平方公尺。極樂寺在解放之前，與瀋陽的慈恩寺、長春的般若寺與營口的楞嚴寺，並稱東北四大佛寺，是當時佛教信仰的重地。

極樂寺內目前仍有僧侶70餘人，寺內主要建築包括七級浮屠塔、圓寂比丘塔、五百羅漢堂、大雄寶殿、三聖殿、東西配殿等。這裡每年農曆4月會舉行廟會，至今仍是哈爾濱佛教徒參拜的地方。

佛寶塔

文廟
（黑龍江省民族博物館）

✉ 哈爾濱市南崗區文廟街25號
➡ 搭乘公車3、6、25、52、66、70路，到哈工程大學站下車
🕐 09:00～16:00，每週三閉館，冬季不開放
📞 (0451)825-38606
💲 免費

哈爾濱文廟景區位於南崗區東大直街東側，這裡的景點包括有極樂寺、哈爾濱遊樂園與文廟等，景點都在步行距離內，非常方便。

大成殿

大成殿內孔子神壇

哈爾濱文廟是祭祀至聖先師孔子的地方，也就是台灣所說的孔廟。文廟占地約2萬3千平方公尺，是東北地區規模最大的文廟。工程開始於民國15年(西元1926年)，當時是由當地政府集合中外商賈的資金3萬銀元所興建，建築面積約4,400平方公尺。文廟內建築共可分為三進院落，主要建築包括大成殿、欞星門、崇聖祠等。文廟內綠樹成蔭、莊嚴肅穆。

西元1985年，黑龍江政府將原先祭孔的文廟，整建成民族博物館，並於1988年開始對外開放。博物館內分為孔子聖績展覽與民族文物陳列展覽兩大主題。其中孔子聖績展覽位於大成殿內，展出內容有孔子像、祭孔用具、禮器、孔子生平與儒學的發展等。民族文物陳列展則展出東北境內的各種少數民族文化與文物，包括有滿、蒙、朝鮮、鄂倫春、錫伯、達幹爾、鄂溫克、赫哲族等。

文廟牌樓

東北虎林園、極樂寺、文廟（黑龍江省民族博物館）

逛街娛樂

中央大街

➡ 北起松花江岸的防洪紀念塔，南到經緯街

　　全長約1450公尺、寬21公尺的中央大街是中國大陸境內俄羅斯風味最濃郁的一條街道。中央大街全程鋪上小方磚，而且自1997年開始，由當地政府闢為步行街，從此逛街物更為方便。

　　馬迭爾賓館與華梅餐廳的附近是大街的精華區，這裡綠樹成蔭，老建築的保存也做得最好。中央大街雖然是以俄羅斯風情聞名，但是沿路老建築的保存並不理想，許多

中央大街遊客服務中心

老建築已經被拆除，反而被新式的商業大樓所取代，算是美中不足之處。

　　中央大街有許多賣皮草的店家，照說東北是產貂皮的地方，價格應該不貴，但是這幾年經過人為哄抬，價格已經與外界同步，甚至更貴。倒是馬迭爾飯店販賣的馬迭爾冰棒，物美價廉，每支才賣2元人民幣，仍然是觀光客的最愛。

旅行小抄

在中國大陸城市的眾多步行街道中，能夠讓中央大街受到矚目的，主要是街道兩旁的71棟歐式與仿歐式建築。這些建築包括巴洛克式、希臘式、文藝復興式、折衷主義式與新藝術運式等，一路遊逛下來，就好像是參加一場建築藝術的博覽會。

腐敗一條街

➜ 哈爾濱市高科技技術產業發展區，包含大順街、漢水路、湯順街

　　腐敗一條街其實不是一條街，而是好幾條街，位置是在哈爾濱東邊的高新技術技術產業發展區裡，包括有大順街、漢水路、湯順街等。至於為什麼原來應該是要發展高科技的園區，到後來卻變成吃喝玩樂的腐敗一條街？當地人有很多種不同的說法，其中最流行的一種說法是，因為當地政府招商不力，無法引進高科技製造廠，閒置的土地最後就蓋起樓房，賣給商家來作為餐廳、酒吧與KTV營業之用。另一種說法是因為黑龍江省長也住在這裡，所以管理比較鬆弛，許多娛樂事業於是應運而生。

　　腐敗一條街原來是餐廳與聲色場所林立的地方，不過也許艷名在外，震動中央；近來經過一番整飭，聲色場所已經收斂很多，倒是餐廳依舊興旺，值得讀者前來體會一下，哈爾濱「腐敗」的一面。

美食推薦

愛吃餃子的人必嘗

東方餃子王
（尚志大街店）

✉ 哈爾濱市道里區尚志大街與西八道街口
🕐 09:00～21:00
📞 (0451)848-49111
🌐 www.dfjzw.com
❗ 私房推薦(人民幣)：黃瓜鮮蝦仁16元、三鮮花菇20元、白菜豬肉9元、三鮮9元、醬骨架28元、蠔油西蘭花14元

菜餚口味 ★★★
人員服務 ★★★
用餐環境 ★★★
價格價值 ★★★★★

東方餃子王白菜豬肉水餃

　　東方餃子王是一家著名的連鎖餐廳，在哈爾濱有十幾家分店，在中央大街附近就有兩家。從店名就可以看出來，這是一家以餃子為主題的餐廳，此外又賣一些本地的東北菜。既然以餃子為主題，就表示店家對自己的水餃口味有相當信心，基本上喜歡吃餃子的人到這裡，應該都不會失望。

　　這裡的餃子標榜現點現做，口味除了最常見的白菜豬肉外，還有許多新創的口味，包括黃瓜鮮蝦仁、三鮮花菇、三鮮等，店內裝潢乾淨明亮，人員服務也算有效率，最重要的雖然身處熱鬧的商業區裡，這裡的價位卻相當合理，因此用餐時間一到，餐廳裡時常人滿為患。

俄羅斯人的小客廳

露西亞西餐廳

罐燜牛

✉ 哈爾濱市道里區西頭道街57號
🕐 11:00～23:00
📞 (0451)845-63207
❗ 私房推薦(人民幣)：紅菜湯18元、奶油蘑菇湯16元、熱土豆泥20元、罐燜牛42元、罐燜蝦42元、香煎三文魚42元、紅魚子醬58元、俄式麵包10元

菜餚口味 ★★★
人員服務 ★★★
用餐環境 ★★★
價格價值 ★★★

香煎三文魚

　　位於中央大街巷子一角的露西亞西餐廳，供應的是傳統的俄羅斯菜餚。這家餐廳的內部，布置得像一般俄羅斯人家的客廳，雖不顯得豪華，但也乾淨溫馨，在哈爾濱屬於小資風情的餐廳。

　　在料理口味上，比起老牌的國營華梅餐廳要好上一點，但是價格也要貴上一些，在用餐經驗上，這裡算是四平八穩的餐廳，

俄式麵包與紅魚子醬

雖然沒有太多驚豔，但也沒有明顯的差錯。不管是人員服務，與菜餚口味都有相當水準。

露西亞西餐廳內部

Harbin

俄人喜愛的道地口味

喀秋莎俄式餐廳

✉ 哈爾濱市道里區中央大街261號(金地賓館樓下)

🕐 11:30～21:30

📞 13836148098(手機)

❗ 私房推薦(人民幣)：紅酒燉牛舌45元、罐蝦35元、蒜香雞翅35元、紅菜湯20元、奶油蘑菇湯18元、土豆泥18元

菜餚口味 ★★★
人員服務 ★★★⯪
用餐環境 ★★★⯪
價格價值 ★★★

　　位於防洪紀念塔附近的喀秋莎俄式餐廳，位置不是很明顯，外表的裝潢也很普通，但卻是許多俄國人認為口味較為道地的哈爾濱俄國菜餐廳。和樸素的外觀不同，內部漆著紅色牆面與掛有水晶燈的裝潢，倒是顯得頗為明亮開朗。

　　這家餐廳的特色，是店裡的服務生用的是俄羅斯人，不過俄羅斯幅員遼闊，種族眾多，這裡的俄羅斯女服務生不一定是白種人，有時候是俄國的黃種亞洲人。這些俄國的服務生會說一些簡單的中文，能做一些簡單的溝通，但是複雜一些的就會雞同鴨講。不過也因此為這家餐廳，帶來特別的異國情調，至於菜餚口味上，與其他的俄國菜餐廳相比，只是一般而已。

❶ 紅菜湯
❷ 奶油蘑菇湯
❸ 蒜香雞翅
❹ 紅酒燉牛舌
❺ 喀秋莎俄式餐廳內部

物美價廉的特色美食

老昌春餅
（中央店）

✉ 哈爾濱市中央大街180號
🕐 10:30～21:00
📞 (0451)846-85000
休 無

❗ 私房推薦(人民幣)：春餅/筋餅2元、炒合菜18元、魚香肉絲26元、燻肉30元、蒸肘花36元、木須肉26元、炒土豆絲12元、甜麵醬/肉沫醬/蘑菇醬2元、蔥醬4元、大蔥絲/洋蔥絲/黃瓜絲2元

菜餚口味★★★
人員服務★★★
用餐環境★★★
價格價值★★★★

老昌春餅也是一家連鎖餐廳，在哈爾濱有十幾家分店，其中在中央大街也有一家，不過是位在地下室。所謂春餅的吃法，是分別點一份餅與一份炒菜，然後把把炒菜放到餅上捲來吃。

老昌春餅裡面賣的餅，共有春餅、筋餅、油餅、炒餅與燴餅等種類，每一種的口感都不一樣，其中春餅的厚度最薄，有點類似台灣的潤餅皮，但是比較有彈性。筋餅比春餅厚，油餅是用油炸，炒餅是用油炒，至於燴餅則是用烤的。

至於用來包餅的炒菜則是各種口味都有，不管葷素都可以選擇，其中包括魚香肉絲、木須肉、炒土豆絲等，也有燻肉、蒸肘花可以點選，如果用餅皮包上燻肉，吃起來口味就有點像李連貴燻肉大餅。在包餅時，還可再加上甜麵醬、肉沫醬、蘑菇醬、蔥醬等醬料，與大蔥、洋蔥、黃瓜等配料，不過這些醬料與配料都要另外再收費。整體來說，老昌春餅是一家富有特色，又物美價廉的餐廳，尤其在熱鬧的中央大街商圈裡，因此用餐時間一到顧客很多，時常需要等待。

餅皮種類比一比

春餅	最薄，Q彈
筋餅	類似厚一點的春餅
油餅	油炸的餅
炒餅	油炒的餅
燴餅	烤的餅

教你怎麼吃春餅

Step1 點餅跟炒菜
魚香肉絲
玉米粥 →
老昌春餅炒合菜　　春餅

Step2 夾喜歡的菜放在餅上

Step3 把餅捲起來
完成！

歷史悠久的俄羅斯大菜

華梅西餐廳

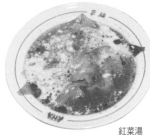

紅菜湯

✉ 哈爾濱市道里區中央大街112號
🕐 11:00～21:00
📞 (0451)846-19818
http www.dfjzw.com

❗ 私房推薦(人民幣)：燜罐蝦仁32元、軟煎馬哈魚32元、黑椒牛排60元、俄式沙拉24元、紅菜湯12元

菜餚口味 ★★★
人員服務 ★★
用餐環境 ★★★★
價格價值 ★★★

罐燜羊肉

　　華梅的菜單是以俄羅斯大菜為主，由於是哈爾濱最老牌的西餐廳，許多大陸本地的遊客到哈爾濱時，都會到這裡朝聖一下。這家餐廳的內部裝潢，屬於老式俄羅斯風格，雖然看得出一些年紀，但有些地方仍屬金碧輝煌，尤其在2、3樓部分。菜餚的口味尚可，但是水準已漸漸比不上當地一些新開的西餐廳。由於是國家經營，餐廳裡服務員的態度無法預期太高，許多人來這裡是為了懷舊的氣氛，而不是為了高水準的服務。

白菜卷

旅行小抄

餐廳由俄羅斯籍的猶太人楚基爾曼於1925年創立，當時哈爾濱是俄國的勢力範圍，城裡的俄國人很多，華梅就以俄羅斯式的西餐與茶點來吸引這些俄羅斯的顧客。當時的店面很小，只有70平方公尺，位置在舊八道街上。之後，華梅幾度易手，但是聲譽不墜，1957年收歸國營，並且遷移到現址。

氣氛不錯的音樂西餐廳

波特曼西餐廳

✉ 哈爾濱市道里區西七道街53號
⏰ 11:00～24:00
☎ (0451)846-86888
❗ 私房推薦(人民幣)：黑椒牛扒58元、罐燜牛肉28元、清堅馬哈魚28元、莫斯科紅菜湯12元、奶油土豆泥22元、田園蔬菜沙拉24元、黑森林蛋糕20元

菜餚口味★★★
人員服務★★
用餐環境★★★★
價格價值★★★

位於道里區西七道街的波特曼西餐廳，距離馬迭爾賓館不遠，也在中央大街的步行區域內。這裡經營的西餐以哈爾濱最流行的俄羅斯式西餐為主，但是也販賣一些不正宗的美式、義式餐點。餐廳還有鋼琴、薩克斯風等表演，在晚間則會在桌上點起蠟燭，氣氛營造得不錯。

這裡菜餚的水準，和另一家老牌的西餐廳華梅(P111)都屬尚可。這家餐廳在網路上，有時候會推出團購的優惠，會比平常店裡的價格便宜很多。

黑椒牛柳扒

莫斯科沙律(沙拉)

亞洲第一高塔餐廳

龍塔旋轉餐廳

✉ 哈爾濱市南崗區長江路178號
🕐 09:00～19:30
📞 (0451)822-95859
💡 私房推薦(人民幣)：自助餐每人晚餐198元、午餐188元

菜餚口味★★★
人員服務★★★
用餐環境★★★★
價格價值★★

① 自助餐

龍塔餐廳位於亞洲第一高塔——龍塔(P99)的內部，距離地面186公尺，遊客可以搭乘龍塔的透明景觀電梯直接到達。這是一家大型的旋轉餐廳，由於居高臨下，哈爾濱市的街景可以一覽無遺。餐廳裡供應的是西式自助餐，水準雖然比不上台北的五星級飯店，但是以哈爾濱的水準來說，算是相當不錯了！旋轉廳移動的速度是兩個小時迴繞一圈，在這裡一邊享受美食，一邊欣賞哈爾濱的景色，是一種旅遊哈爾濱特殊的經驗。

① ③ 自助餐
② 龍塔餐廳內部

③

住宿情報

香格里拉大飯店

✉ 哈爾濱市道里區友誼路555號
☎ (0451)848-58888
🖷 (0451)846-21777
💲 高級客房人民幣1,068元起
🌐 www.shangri-la.com/cn/harbin/shangrila
⭐⭐⭐⭐⭐
🏠 404間

1999年開業的香格里拉大飯店，是國際香格里拉集團管理的五星級飯店。地理位置在松花江的南岸，飯店的房間分為城景房與江景房，其中江景房與套房可以看到松花江，在冬天松花江結冰時，還可以看到許多人群在江上從事各種休閒活動。目前每個房間，都有網際網路的上網接口。

新凱萊花園大酒店

✉ 哈爾濱市道里區中央大街259號
☎ (0451)846-38855
🖷 (0451)846-38533
💲 豪華客房人民幣488元起
⭐⭐⭐
🏠 259間

1995年開業的新凱萊花園大酒店，是由香港的Gloria集團管理的三星級酒店，曾經於2004年全新裝修。這家酒店的位置相當優越，就處在松花江畔的防洪紀念塔與購物中心中央大街之間。酒店的外觀，是一座歐洲式的建築，相當顯眼，房間的硬體雖然簡單，但是仍有三星級的水準。

馬迭爾賓館

✉ 哈爾濱市中央大街89號
☎ (0451)848-84000
🖷 (0451)846-14997
💲 標準間人民幣560元起
🌐 hotel.hrbmodern.com
⭐⭐⭐⭐ 🏠 141間
🍴 中西餐廳、俄式風味冷飲廳、商場、酒吧、游泳池、網球場、KTV包房、美容美髮

馬迭爾賓館是哈爾濱最老牌的賓館之一，這座古色古香的歐洲式賓館建於1906年，距今已經有超過100年的歷史，目前是國營中國友誼旅館飯店集團的成員之一。賓館曾於2007年重新裝修。賓館分為新樓與舊樓，其中舊樓的歷史雖然較古老，設施不如新樓，但是一些外國遊客特別喜歡來此體會二十世紀初的情調。馬迭爾賓館所在的中央大街，是哈爾濱俄羅斯風味最濃的購物街道，賓館距離冰燈園遊會的場地兆麟公園與松花江都很近，步行可達。

金谷大廈

✉ 哈爾濱市中央大街185號
📞 (0451)846-98700
FAX (0451)846-98458
💲 普通標準間人民幣218元起
http www.jinguhotel.com.cn
⭐⭐⭐
🏠 210間
☕ 中西餐廳、酒吧、商務中心、卡拉OK、桌球室、健身房、三溫暖

位於中央大街上的金谷大廈，曾經於2008年重新裝修，這座酒店的地理位置優越，出門就是熱鬧的商業徒步區，房間依照三星級旅館標準所建造，而且通過ISO9002的國際認證。

黑龍江昆侖大酒店

✉ 哈爾濱市南崗區鐵路街8號
📞 (0451)536-16688
FAX (0451)536-00888
💲 標準間人民幣300元起
⭐⭐⭐⭐ 🏠 319間
☕ 中西餐廳、會議廳、桌球室、保齡球場、舞廳、卡拉OK

位於哈爾濱火車站附近的黑龍江昆侖大酒店，是由哈爾濱鐵路局投資興建，2003年曾經重新裝修，原名是錦江大酒店，酒店交通便利，但是周圍環境稍嫌混亂。

哈爾濱尚志宜必思酒店

✉ 哈爾濱市道里區兆麟街92號
📞 (0451)875-09999
FAX (0451)875-06575
💲 雙人房人民幣210元起
http www.ibishotel.com/zh/booking/hotels-list.shtml
⭐⭐
🏠 215間
☕ 餐廳、咖啡廳

由歐洲Accor旅館集團管理的尚志宜必思酒店，於2008年開業，位於中央大街一旁的尚志大街與兆麟街交叉口上，位置鬧中取靜，步行就可以到達熱鬧的中央大街商圈，但是周圍環境又比較清潔與安靜。

宜必思(Ibis)是歐洲的廉價旅館品牌，雖然價錢便宜，但是房間裝潢倒是不簡陋，走的是明亮簡單的路線，很適合個人出差或旅行投宿。尚志宜必思酒店在一般時間價格便宜，但是到了哈爾濱冰雪節期間會調高價格，而且最好事先預訂，以免到時一房難求。

瀋陽

古蹟名城

瀋陽位於遼寧省的中部，目前是遼寧省的省會，也是大陸東北重要的商業中心與工業城市。瀋陽是一座歷史悠久的城市，明朝末年清太祖努爾哈赤於1621年攻下此城，1625年遷都於此，並且開始營建宮殿，這便是瀋陽故宮的由來，從此瀋陽就成為滿人南侵中原的基地。滿人入關後，瀋陽繼續作為陪都，也稱為「盛京」，後來一度改稱「奉天府」。民國初年成為北洋軍閥奉系張作霖的主要根據地，直到九一八事變的爆發；市區裡名勝古蹟甚多，一般都和這段歷史有關。

由於鄰近撫順煤礦與鞍山鐵礦等原物料產地，瀋陽1950年代就成為大陸重工業的重要根據地，城市內工廠甚多，煙囪到處矗立。但是改革開放後，因國營老企業未能跟上腳步，一度失業嚴重。2003年中共開始推動振興東北計畫，經濟又開始快速成長。

瀋陽街道景點地圖

北陵 P.124

黃河南大街

北陵大街

崇山中路

崇山西路

昆山中路

華山路

瀋陽北站　北站北路

皇姑屯站

北京街

哈爾濱路

南京北街

北一東路

西塔街

興華北街　開安一街

平壤館 P.135

北二東路

市府大路

遼寧大劇院 P.134

北三東路

太原北街

遼寧省博物館 P.131

奉天街

北四馬路

馬家燒賣 P.138

中山路

遼寧賓館 P.141

中山廣場 P.132

瀋陽站

中山假日酒店 P.140

中山皇冠假日酒店 P.140

青年大街

沈州路

盛貿飯店 P.140

北二馬路

大西路

新世界酒店 P.141

中華路

勝利南街

太原南街

十三緯路

南五馬路

青年大街

南八馬路

三好街

五愛街

文化路

118

九一八事件博物館 P.131

瀋陽東站

往東陵 P.126
往植物園 P.132

錦江之星 P.141

趙記老舖王府 P.136　　老邊餃子館 P.137

中街 P.133

李連貴燻肉大餅
P.138　　瀋陽故宮博物院 P.120

劉老根大舞台
P.134　　如家酒店 P.141

滿堂紅食府　　金融博物館 P.130
P.139　　張氏帥府 P.128

熱門景點

瀋陽故宮博物院

✉ 瀋陽市瀋陽路171號

➜ 搭乘公車213、215、228、292、294路，到故宮站下車

🕐 5～6與9～10月08:30～17:00，7～8月08:30～17:30，11～4月09:00～16:00

📞 (024)248-42215、248-47406

💲 門票50元人民幣

故宮導引圖

瀋陽故宮位於瀋陽舊城的市中心，占地約6萬平方公尺，共有建築90多所；結構分為東、西、中三路，是滿清入關以前的政治中樞。這裡本來是清朝的皇家禁地，民國15年時闢為博物院供人參觀，1961年列為首批國家重點文物保護單位。瀋陽故宮是除了北京之外，大陸境內的第二座明清時期宮殿遺跡，只是比起北京故宮，規模要小上許多。

故宮門外瀋陽路街景

知識充電站

滿洲人起源——女真族

在明朝時期，居住於東北的女真人共分為建州、海西與野人三部，後來建州女真的首領努爾哈赤統一女真部落，並於西元1616年建立起後金政權，1625年攻下瀋陽後，遷都於此並且開始營造宮殿。

瀋陽故宮特寫鏡頭

故宮精華

東路建築

瀋陽故宮最早建於明朝天啟5年（西元1625年），完成於明崇禎9年（西元1636年），距今已有超過350年的歷史。瀋陽故宮最早建成的部分，是位於東路的大政殿與十王亭，這是由清太祖努爾哈赤所建，建築群按照草原上八旗軍帳的布局，為滿清皇帝與八旗大臣和左右翼王議論政務的地方，也是瀋陽故宮的精華。

【大政殿】

大政殿是一座八重檐式廟堂建築，正門的柱子上刻有兩條塗上金漆的蟠龍，張牙舞爪，生動逼真。大政殿最早被稱為大殿，1636年改稱為篤恭殿，後來又改為大政殿，是滿清皇帝入關之前，宣布皇帝即位、軍隊出征、將領凱旋與頒布大赦的地方。

旅行小抄

過過皇帝格格癮吧！

大政殿附近和北京故宮一樣，有攤位出租古裝供遊人與故宮背景拍照。

大政殿前著古裝拍照的遊客

【十王亭】

在大政殿的兩側，有10個八角形的亭子，是供八旗大臣與左右翼王辦公與議政的場所，稱為十王亭。滿清自立國開始，便採行以八旗制度為核心的軍政體制，十王亭便是這種制度的體現，也是瀋陽故宮建築結構上與北京故宮最不同的地方。

大政殿內部

中路與西路建築

瀋陽故宮的中路建築,是由大清門、崇政殿、鳳凰樓、清寧宮、太廟等建築所構成,是清初的皇室大內。

大清門是故宮的正門,崇政殿是清太宗皇太極日常臨朝聽政的地方,又稱為金鑾殿;鳳凰樓是一座3層樓的建築,建在4公尺的高台上,當年是皇太極休息與飲宴的地方,是當時瀋陽最高的建築。

【崇政殿】

崇政殿東西各有一組建築,俗稱為東宮與西宮,是乾隆年間所增建。東宮包括頤和殿、介祉宮與敬典閣,是當年乾隆東巡時,太后的起居地。西宮則有迪光殿、保極宮、崇謨閣與繼思齋,是乾隆與嘉慶皇帝東巡瀋陽時的居住地。

崇政殿內皇帝寶座

【清寧宮】

清寧宮俗稱正宮,是皇太極與皇后博爾濟吉特氏的寢宮;裡面有皇太極會見群臣的場所,也有皇后的臥室。清寧宮兩側的關雎宮、衍慶宮、麟趾宮與永福宮是其他後宮妃子的寢宮,其中的永福宮就是後來順治皇帝誕生的地方。

清寧宮

【太廟】

　　故宮的太廟位於大清門的東側，是祭祀清朝皇帝愛新覺羅氏的家廟。此外故宮的西路，還有嘉蔭堂、文溯閣、仰熙齋、戲台等建築。

❶故宮御花園
❷大政殿前著清朝古裝拍照的遊客
❸迪光殿內部陳設
❹故宮門前販賣的仿古物品
❺故宮內部景色

北陵牌樓

北陵—昭陵

✉ 瀋陽市皇姑區泰山路12號

➤ 搭乘公車136、205、210、213、217、220、227、231、242、245、265、290、393、800路，到北陵公園站下車

🕐 3月23日～11月15日06:00～18:00，11月16日～3月22日08:00～17:00

📞 (024)869-10461

💲 公園6元，昭陵旺季4～10月50元，淡季11～3月30元人民幣

昭陵是清太宗皇太極與皇后博爾濟吉特氏(大玉兒)合葬的陵墓，因為位置在瀋陽的北方，所以俗稱為北陵，距離今天已有300多年的歷史。

北陵包括北陵公園與昭陵兩部分，遊客進入必須分別收費，它的總面積達330公頃，是清朝的關外三陵中，占地最大的一座。北陵的結構是以昭陵與神道為中軸線，公園的西側有芳秀園，東側則有東湖、青年湖、柳堤與眺望台；昭陵的後方則是一片松林。昭陵的建築以精美的石刻藝術聞名，1982年時被列為大陸的國家重點文物保護單位。

北陵湖面景致

北
陵

❶ 北陵 ❷ 北陵下馬碑 ❸ 北陵大門

知 識 充 電 站

清宮連續劇寵兒——大玉兒

皇太極繼承父親努爾哈赤的遺願，繼續南侵明朝，他的兒子就是統治中原
的第一任滿清皇帝福臨(年號為順治，所以通稱為順治皇帝)。皇太極的皇
后博爾濟吉特氏，出身自蒙古貴族，也是清朝初年的傳奇人物。她在皇太
極死後嫁給當時的攝政王多爾袞，積極輔佐順治皇帝。康熙皇帝即位以
後，又以太皇太后的身分介入政事，與權臣鰲拜等人抗衡，是多年來連續
劇與電影中時常取材的人物。

東陵—福陵

✉ 瀋陽市東陵東街81號
➔ 搭乘公車148、168路，到東陵公園站下車
🕐 08:00～17:00
💲 公園2元人民幣
福陵30元人民幣

福陵是清太祖努爾哈赤與皇后葉赫納拉氏的陵墓，因為位於瀋陽的東郊，所以被稱為東陵。東陵始建於1629年，完成於1651年，距今已有350年歷史。東陵背天柱山，面臨渾河，總共占地500公頃，陵區部分占地約20萬平方公尺。

東陵的入口是正紅門，進入門內後的通道上，有石馬、石虎、石獅等分立兩旁，接著是108級的石階，象徵天上的三十六天罡與七十二地煞。沿著石階而上先來到一座碑亭，裡面有康熙皇帝增修的「大清神功聖德碑」。碑亭的後方有一座門樓，門樓之後就是陵寢的方城。方城的正面有隆恩門，城內建有隆恩殿、大明

東陵門樓

樓與東西配殿，這是祭祀的所在地，目前闢有滿清歷代皇帝展覽，方城的四周建有角樓4座。

方城的後方就是努爾哈赤與皇后的陵墓，俗稱月牙城，高10餘公尺，呈半圓形。陵墓四周古樹參天，氣象肅穆。

東陵石馬

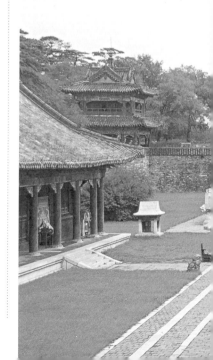

東陵

❶東陵108級石階 ❷東陵內部
❸東陵碑亭 ❹東陵

❹

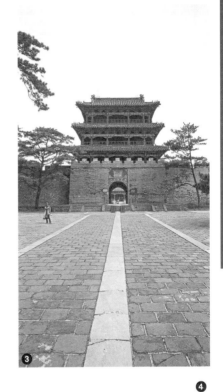

張氏帥府博物館

✉ 瀋陽市大南街240號

➡ 搭乘公車213、215、228、292、294路，到故宮站下車

🕐 4月15日～10月15日08:30～18:00，10月16日～4月14日08:30～16:30

📞 (024)248-50576

💲 與金融博物館聯票50元人民幣

http www.syzssf.com

張氏帥府會議廳與客廳

　　張學良故居陳列館又稱為張氏帥府、大帥府或少帥府，是東北奉系軍閥張作霖，與其子張學良的官邸故居。張學良故居陳列館共分為東、西、中三個院落，占地約3萬平方公尺。其中的中院是傳統的四合院建築，內部有張作霖的雕像，還陳列有「張學良將軍業績展」與「中國近代史展」等展覽，可以了解張氏父子的生平事蹟，與中國東北近代的演變。

　　東院由歐式的大青樓、中西合璧的小青樓與帥府花園所組成。

　　許多的歷史事件在這裡發生，包括張作霖在皇姑屯被日本人炸死之後，密不發喪，而由少帥張學良接任的部署等等。西院的歐式紅樓群，則是在九一八事件之後所建成。

　　在三個院落之外，還有一處西氏洋樓「趙四小姐樓」，這是建來供給張學良的二太太趙一荻所居住。原來大帥府的建築群，還包括有邊業銀行，目前經過整修之後，已經變成金融博物館可供參觀(見P130)，包含在張氏帥府的門票內。

大青樓

張氏帥府張學良
銅像

張氏帥府博物館

❶趙四小姐樓
❷張作霖人像
❸張學良座車
❹趙四小姐樓客廳

張氏帥府內部展示

瀋陽金融博物館

✉ 瀋陽市朝陽街240號
➡ 同張氏帥府
🕐 同張氏帥府
☎ (024)248-42454
💲 門票20元人民幣

金融博物館原來是張學良所創辦的邊業銀行，2009年經過整修後以瀋陽金融博物館的名義開放參觀。

邊業銀行原來是東北軍閥張學良的金庫，傳說中這裏的保險庫裡，曾經保存過3萬兩黃金。目前改變成金融博物館後，也是中國大陸同類型博物館中，規模最大與內容最豐富的，很值得參觀。

金融博物館外觀

金融博物館的門票與張氏帥府聯賣，但是為了方便以前參觀過張氏帥府的遊客，這裡的門票也可以單獨購買。

這間博物館內部房間眾多，有點像是迷宮，而且展示主題很多，如果全部都看，參觀的時間會比預期的來得長。

栩栩如生的民國銀行

金融博物館的1樓營業大廳，復原成二十世紀初年東北軍閥割據時的銀行情形，裡面有許多栩栩如生、穿著當年服飾的假人，置身其間有如電影場景。

一口氣看遍古今中外貨幣收藏

上樓後，又有古今中外的錢幣收藏展示，與當年邊業銀行營運的介紹。

金融博物館1樓營業大廳

猜猜看，誰是真人呢？

古今中外貨幣展覽廳

遼寧省博物館

✉ 瀋陽市市府大路363號
➜ 搭乘公車214、215、216、221、228、230、243、248、260、326、800、159路,到市府廣場站下車;或搭乘地鐵2號線,到市府廣場站下車
🕒 09:00～17:00,週一、除夕休館
📞 (024)227-41193
💲 憑台胞證免費參觀
http www.lnmuseum.com.cn

滿清入關前八旗軍裝

遼寧省博物館

遼寧省博物館前身是民國38年開館的東北博物館,2008年被大陸評定為國家一級博物館,並開始免費供大眾參觀。

博物館主要展出東北地區的歷史文物,館內共收藏考古、書畫、陶瓷、銅器、絲繡品等,共計12萬件。設有12個展覽廳,展出從紅山文化、唐宋元明,到近代歷史中遼寧省的各階段演變。台灣的遊客對東北的歷史文物,尤其是遼金時代與漢唐時東北的少數民族文物比較陌生,到此參觀,可增進對於東北歷史文物的了解。博物館附近有遼寧大劇院(見P134)。

九一八歷史博物館

➜ 搭乘公車212、213、229、325、328、611路,到九一八博物館站下車
🕒 4月15日～10月15日08:30～17:30,10月16日～4月14日09:30～16:00
📞 (024)883-20918
💲 憑台胞證免費參觀

九一八歷史博物館的歷史相當短,西元1997年9月開始擴建,1999年9月才落成開幕。這是一座以民國20年日本對於中國東北發動侵略的「九一八事件」為主題的博物館,館內共設有8個展覽

廳、與幾個大型場景,展覽面積共約有1萬平方公尺。至於館內陳列的方式也是以共產黨的說法為主,來突顯共產黨對於抗日的種種貢獻,對於一般在台灣受教育的人,相對地會感覺非常不同。

中山廣場

✉ 瀋陽市南京北路與中山路交叉口
➡ 搭乘公車115、210、264路,到中山廣場站下車
🕐 全天開放

　　嚴格說起來,中山廣場並不是一處知名的旅遊聖地;這裡特別的是,有一座大陸其他地方難得一見的大型毛澤東銅像。銅像高20餘公尺,腳下還有士農工商各階級奮勇爭先的造型雕像,看起來非常滑稽有趣。大陸在改革開放之後,經濟上改採市場經濟,一些觀念也逐漸與西方世界接

中山廣場毛澤東像

軌,所以此類有濃厚文革氣氛的雕像已經所剩無幾,很值得旅遊瀋陽時前來一探。

瀋陽世博園
(瀋陽植物園)

➡ 從瀋陽北站搭乘火車到世博園站下車,或搭乘公車168號,到世博園站下車
🕐 08:30～17:00
📞 (024)880-38035
💲 門票50元人民幣
🌐 www.syszwy.com.cn

瀋陽植物園

　　距離市區20公里的棋盤山上的瀋陽植物園,在舉辦「世界園藝博覽會」後,博覽會的部分建築被保留下來,和原來植物園的設施一起改稱為瀋陽世博園。世博園占地龐大,分為自然景觀、人工景觀與濱水濕地景觀三大景區,還有百

熊貓樹雕

瀋陽植物園內遊樂設施

合塔、鳳凰廣場、玫瑰園等主題建築。園內栽培與保存各式植物共兩千多種,是東北規模最大的植物園。除了固定的植物展示之外,這裡在5～10月期間,還有鬱金香、牡丹、芍藥、百合與菊花等的花卉展覽。

Shenyang

逛街娛樂

中街

➡ 地鐵一號線

中街位於瀋陽故宮的後方,是大陸東北地區最早的一條商業街道,大約形成於努爾哈赤定都瀋陽之時。中街取名的由來,是因為位於瀋陽城區的中央,意義簡單明瞭。中街已經有超過300年的歷史,街道兩側許多百年老店的建築古色古香,雖歷史悠久,但

中街牌樓

也是瀋陽最熱鬧的商業區,目前有地鐵一號線可以直接到達,交通非常方便。除了一些老牌的商店之外,因為經濟的繁榮,中街商圈裡也開啟許多新穎的商店,其中最豪華的購物中心是皇城恒隆廣場,這裡有世界各國的名牌專櫃,一點都不輸台北,裡面也有幾家高級餐廳。

地理上,中街距離一些重要的歷史古蹟如瀋陽故宮、張氏帥府等非常近,走路就可以到達,所以是遊客不容錯過的一環。除此之外,這裡也是美食的集中地,瀋陽歷史悠久的餐廳,包括老邊餃子館(P137)、李連貴燻肉大餅(P138)等,都在商圈內。此外這裡也有一家東北二人轉的劇場:劉老根大舞台(P134),可以觀賞著名的東北相聲表演。

西塔街

中國東北三省鄰近朝鮮半島,因此朝鮮族(韓國人)是東北重要的少數民族,其中位於瀋陽市西北部的西塔街,就是當地朝鮮族聚集的區域。1990年代開始,來自韓國的一些商人,開始在西塔街開設商店做起生意,由於韓國風味濃厚,因隨處都是韓國文字,使得西塔街有瀋陽「小漢城」的稱號。

在西塔街現在設有百貨公司、超級市場、服飾店、餐廳、酒廊、KTV等商業場所,商場裡來自南北韓的商品都買得到。由於許多當地人在下班後到這裡用餐與娛樂,因此晚上特別熱鬧,已經成為瀋陽的不夜城。對於韓國有興趣的讀者,可以來此體驗一下異國風味。

劉老根大舞台
（瀋陽中街劇場）

✉ 瀋陽市正陽街110號

➡ 搭乘公車287、257、292、276、294、296、118、222、290、213、132路，到中街站下車；或搭乘地鐵1號線，到中街站下車

🕐 19:00～21:00

📞 (024)892-22222

💲 門票180～480元人民幣

✉ www.zbs.cn

以滑稽逗趣的東北雙人相聲，在大陸中央電視台春節聯歡晚會多年演出，而成為中國大陸家喻戶曉的趙本山，在成名之後以「東北二人轉」的方式四處演出，並且創辦學校、經營劇場，目前據估計已累積數十億人民幣的身價。

這家位於瀋陽中街的劉老根大舞台，是瀋陽地區的總店，除此之外趙本山在東北的各大城市也都建有劇場。這裡的門票很不便宜，折算成台幣大約是900～2,500元的價位，此外演出當中也不能攝影與錄影。不過即使如此，由於趙本山的知名度夠高，大陸遊客仍然相當捧場，在旺季時票很容易賣完。對於東北二人轉這種娛樂方式有興趣的讀者，可以去體會一下當地的劇場文化。

旅行小抄

「二人轉」是北京雙口相聲的東北說法，因此表演內容以相聲為主，此外還有一些短劇、歌唱等襯托。基本上二人轉有點像台灣的豬哥亮歌廳秀，雖然好笑，但是粗俗。

遼寧大劇院

✉ 瀋陽市市府大路363號

➡ 搭乘公車214、215、216、221、228、230、243、248、260、326、800、159路，到市府廣場站下車；或搭乘地鐵2號線，到市府廣場站下車

🕐 09:00～21:00

📞 (024)227-35688、227-43069

💲 依表演節目而異

遼寧大劇院建於2001年，總共有座位1,400個，是遼寧省內最具規模的表演藝術場地。裡面有大劇場、小劇場、電影廳、多功能廳、餐廳、酒吧等設施。和劉老根大舞台以通俗二人轉的表演型

態不同，這裡主要演出的是比較高規格的表演藝術，類似台北的國家劇院與音樂廳。曾經在這裡演出的團體包括中國交響樂團、美國百老匯音樂劇團、中國廣播民族樂團等。附近有遼寧省博物館(見P131)。

Shenyang

美食推薦

朝鮮族餐廳

平壤館

✉ 瀋陽市西塔街93號
🕐 09:00～21:00，無例假日
📞 (024)234-78802
❗ 私房推薦(人民幣)：冷麵25元、石鍋拌飯35元、綜合泡菜30元、松茸火鍋198元

菜餚口味 ★★★★
人員服務 ★★★
用餐環境 ★★★★
價格價值 ★★★

石鍋拌飯，拌一拌最好吃

綜合泡菜

瀋陽市的西塔街，是當地的朝鮮族一條街，這裡除了南韓商人設立的商店、餐廳之外，也有中共的友邦北韓設立的一些商業機關，其中「平壤館」就是一家北韓政府所設立的朝鮮族餐廳。

作者與平壤館女服務員

由於是北韓政府所設立營運，這裡的服務員都是來自平壤的年輕女大學生，各個穿著傳統的韓國服裝，顯得很有特色，而且可以說上一點帶韓國腔中文。和一些平常的韓國菜餐廳比較起來，這裡晚餐的菜餚價格較高，但是晚上2樓大廳7:30開始有傳統節目表演，相對起來午餐的價格則比較合理。

北韓人愛吃的冷麵

清朝王府滿族菜

趙記老舖王府

📧 瀋陽市瀋河區中街路128號皇城桓隆廣場4樓

🕐 10:30～21:30，無例假日

📞 (024)310-99177

🍴 私房推薦(人民幣)：牛氣沖天156元、黃燜羊肉68元、滿族啦啦菜52元、滿族酸菜湯22元、豬肉餡餅19元

菜餚口味 ★★★★
人員服務 ★★★★
用餐環境 ★★★★★
價格價值 ★★★★

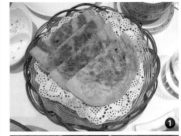

❶豬肉餡餅 ❷招牌菜牛氣沖天
❸滿族酸菜湯

位於瀋陽中街最高級的購物中心——皇城桓隆廣場內的趙記老舖王府餐廳，是以滿族風格為營運主軸的餐廳，由於目前在東三省裡面純粹供應滿族菜的餐廳不多，很值得讀者來這裡嘗嘗鮮。

既然稱為「王府」，餐廳內就刻意營造出清朝王府的氣派，裡面擺設許多清朝時期的骨董，對於第一次光顧的顧客，穿著清朝宮女服飾的滿族服務員，會帶領參觀與解說這些骨董的典故。滿族是善於征戰的馬上民族，菜餚口味傾向簡單樸素。以這家餐廳的招牌菜「牛氣沖天」來說，就是一整盤燉得軟爛的牛肉，本身沒有什麼味道，需要沾醬油，再搭配洋蔥與蒜泥，外面再包上生菜吃，這也是早年滿清軍隊的傳統吃法。

整體來說，這裡的裝潢頗具特色，菜餚口味只是一般，但是有些菜的價格頗高，如果小心點菜的話，仍是值得推薦的一家餐廳。

穿著宮女服裝的服務員進行解說介紹

瀋陽風味蒸餃

老邊餃子館
（中街店總部）

✉ 瀋陽市瀋河區中街206號
🕐 10:00～22:00
📞 (8624)2486-5369轉878
❗ 私房推薦(人民幣)：老邊蒸餃30元(斤)、扁餡蒸餃50元(斤)、祕製酸姜豆10元、八寶茶4元(杯)

菜餚口味★★★
人員服務★★★
用餐環境★★★
價格價值★★★

扁餡蒸餃

和馬家燒賣一樣，老邊餃子也是過去瀋陽著名的風味美食。餃子取名老邊的原因是因為前任老闆就姓「邊」，所以店名就取為老邊餃子館，目前則是國營餐廳。

祕製酸姜豆

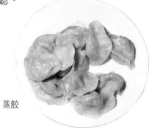
蒸餃

位於中街的這家老店，以瀋陽風味的老邊蒸餃為主，另外還有遼菜與川、魯、粵系的菜色供應。一般而言，老邊餃子的內餡雖然變化多端，但是口感仍屬普通。

回民風味小吃

馬家燒賣

✉ 瀋陽市和平區太原北街北四路12號
🕐 09:30～21:30
📞 (024)838-31777
❗ 私房推薦(人民幣)：傳統燒賣一籠10個(3兩)14元、拌花生22元、烤羊排10元

菜餚口味★★
人員服務★★
用餐環境★★
價格價值★★★★

　　由馬姓回民所發明的馬家燒賣，創立於1796年，距今已經超過200年的歷史，目前也是瀋陽著名的風味小吃。

口味上這裡有二十幾個種類，其中傳統牛羊肉的口味

五香馬哈魚

最受好評；由於是清真口味，因此這裡的燒賣是沒有豬肉餡的。

　　雪龍燒賣的餡是採台灣難得一見的鱈魚，清淡的芹菜燒賣，口感也不錯。不過一般說來，馬家燒賣屬於庶民料理，精緻度上比起台灣常見的港式燒賣，還是頗有不及。

旅行小抄

這裡的燒賣是論斤賣，1斤總共40個；人少的時候可以一兩一兩點，如此就有多種組合變化，1兩的單位是4個。

價格實惠的燻肉大餅

李連貴燻肉大餅店
（瀋河店）

✉ 瀋陽市瀋河區正陽街88號
🕐 08:00～21:30，無例假日
📞 (024)248-63731
❗ 私房推薦(人民幣)：大餅2元(盤)、小盤燻肉10元、蔥醬1元、拼小菜5元、自製皮凍5元、蛋花湯2元

菜餚口味★★
人員服務：自助式
用餐環境★★
價格價值★★★

蔥醬　　小盤燻肉　　皮凍

大餅　　蛋花湯

　　東北的傳統美食李連貴燻肉大餅，在許多城市都設有分店，這家位於瀋陽中街的店面則是總店。這家著名小吃，經過中共國營化後，近幾年逐漸不敵一些民營餐廳的競爭，裝潢與服務都有些跟不上的感覺，唯一值得外地遊客光顧的理由，就只剩傳統燻肉大餅的口味與便宜的價格，尤其在中街這樣的商圈，一個人20元人民幣可以吃飽的價格，顯得相當實惠。

受網民喜愛的東北菜

滿堂紅食府

✉ 瀋陽市瀋河區正陽街212號
🕐 09:30～21:30，無例假日
📞 (024)248-51133
❗ 私房推薦(人民幣)：功夫魚58元、燻豬蹄42元、燒椒皮蛋18元、油麥菜18元、大花捲6元

菜餚口味★★★
人員服務★★
用餐環境★★★
價格價值★★★

在大陸的美食網路上評價不錯的這家東北菜餐廳，主要特色是菜餚分量足與價格實在，因此在瀋陽中街的美食市場占有一席之地。不過這裡的內部裝潢雖然還可以，但是空間規劃有點問題，此外服務生的服務及應對進退上，感覺沒受過訓練。好處是菜餚的價格還算合理，但是口味上也不出色。

❶ 滿堂紅食府外觀
❷ 燒椒皮蛋
❸ 功夫魚
❹ 大花捲
❺ 滿堂紅食府內部

住宿情報

瀋陽中山皇冠假日酒店

- ✉ 瀋陽市和平區南京北路208號
- ☎ (024)2334-1999
- FAX (024)2334-1199
- 💲 皇冠高級房人民幣700元起
- ⭐ ★★★★★
- 🏠 297間
- 🍴 中西餐廳、咖啡廳、酒吧、商務中心、商場、游泳池、健身房、三溫暖

瀋陽中山皇冠假日酒店是從原來的瀋陽洲際酒店改裝而成，目前是由國際Holiday Inn酒店集團所管理的國際五星級酒店，位於瀋陽的商業中心，鄰近瀋陽火車站、中山公園、中山廣場與太原街購物區，交通與逛街都很方便。酒店房間裝潢高級，每間房內有獨立保險箱與網際網路接口。

瀋陽盛貿飯店

- ✉ 瀋陽市和平區中華路68號
- ☎ (024)2341-2288
- FAX (024)2341-1988
- 💲 標準雙人房人民幣550元起
- http www.shangri-la.com/en/shenyang/traders
- ⭐ ★★★★
- 🏠 588間
- 🍴 中西餐廳、咖啡廳、酒吧、商務中心、迪斯可舞廳、卡拉OK、商場、游泳池、桌球室、三溫暖

瀋陽中山假日酒店

- ✉ 瀋陽市和平區南 北路204號
- ☎ (024)2334-1888
- FAX (024)2334-1188
- 💲 標準房人民幣460元起
- ⭐ ★★★★
- 🏠 186間
- 🍴 中西餐廳、咖啡廳、酒吧、商務中心、撞球室、健身房、三溫暖

位在瀋陽中山皇冠假日酒店隔壁，同樣是一家由Holiday Inn酒店集團管理的國際四星級酒店，位置的方便性與皇冠假日酒店一樣，但是內部裝潢與房間陳設稍微遜色，價錢相對較便宜。

位於瀋陽火車站附近，鄰近太原街購物區，逛街與交通都很方便。這是由國際香格里拉集團的副品牌——商貿飯店集團所管理的國際四星級飯店，服務對象以商務旅客為主，也是當地政府舉行官方宴會及簽約儀式的常用場地。

錦江之星旅館 (中街店)

✉ 瀋陽市大東區小北街38號
☎ (024)319-85777
FAX (024)319-89788
💲 單人房人民幣161元起,標準雙人房人民幣179元起
http www.jinjianginns.com
⭐ 未評星
🛏 150間

中國大陸的廉價旅館連鎖店,位於瀋陽小北街與白塔街的交接處,距離熱鬧的中街商圈步行約10分鐘。房間的陳設簡單,但是打掃還算乾淨,不過走廊與樓梯間常會堆放雜物,而且由於房價較低,房客素質與宜必思酒店這種國際經濟酒店連鎖的客層,仍有相當差距。內部也設有一家餐廳,可以提供三餐,但是早餐的費用一般不包括在網路價格中。

瀋陽新世界飯店

✉ 瀋陽市和平區南京街2號
☎ (024)2386-9888
FAX (024)2386-0018
💲 標準雙人房人民幣338元起
http www.jinjianginns.com
⭐⭐⭐⭐
🛏 261間
🍴 中西餐廳、咖啡廳、酒吧、商務中心、迪斯可舞廳、卡拉OK、商場、游泳池、桌球室、三溫暖

瀋陽新世界酒店是由香港的新世界酒店集團所管理的四星級酒店,所以服務風格傾向港資旅館,酒店地點位於市中心的中山公園附近。

如家快捷酒店 (中街店)

✉ 瀋陽市瀋河區朝陽街7號
☎ (024)241-07777
FAX (024)241-07778
💲 特惠大床房人民幣146元起、標準雙人房人民幣165元起
http www.homeinns.com
⭐ 未評星
🛏 200間

如家快捷也是大陸的廉價酒店連鎖集團,目前在美國那斯達克股票上市,算是一家頗具規模的公司。中街店位於中街步行區的邊緣,步行就可到達瀋陽故宮、張氏帥府、地鐵中街站等主要設施,交通非常方便。房間的布置簡單乾淨,酒店內設有一家中餐廳。

遼寧賓館

✉ 瀋陽市和平區中山路97號
☎ (024)2383-9166
FAX (024)2383-9103
💲 標準雙人房人民幣318元起
⭐⭐⭐
🛏 79間
🍴 中西餐廳、咖啡廳、酒吧、歌舞廳、卡拉OK、商務中心、網球場、健身房、三溫暖

建於日本統治時期的1927年,這裡原來的名字是大和賓館,1945年改稱遼寧賓館,1997年被列為「歷史文化型賓館」稱號,2003年曾經進行全面裝修,是一座頗具歷史風味的老旅館,位於中山廣場南端,只要一出賓館的大門,就可以看到巨大的毛澤東雕像,令人印象深刻。

長春

北國春城

住宿情報 —— 146
熱門景點 —— 152

長春是吉林省的省會，又有北國春城之稱，是大陸重要的玉米與大豆集散地。長春建城於1800年，並且在「九一八事變」之後，成為偽滿洲國的首都，當時稱為「新京」。市區裡偽滿洲國遺留下來的建築物很多，包括著名的偽滿皇宮與八大部，目前是長春最有特色的觀光資源。

長春的森林覆蓋率達到40%，所以城市裡有大陸一般城市少有的清新空氣，也為它贏得了「森林城」的稱號。長春由於街道規劃整齊開闊，所以市區交通非常便捷，主要產業包括汽車製造、農業加工與礦冶等。

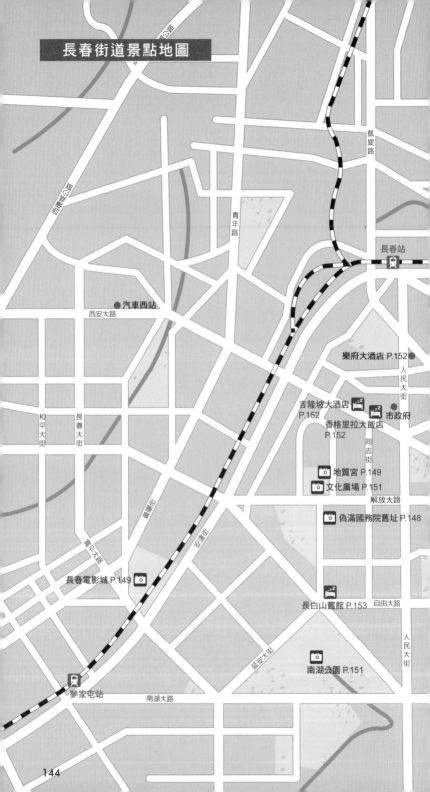

長春街道景點地圖

新民大路

西遷塚公路

凱旋路

青年路

長春站

西安大路

●汽車西站

樂府大酒店 P.152 ●

人民大街

吉隆坡大酒店 P.152

市政府

和平大街

長春大街

香格里拉大飯店 P.152

同志街

地質宮 P.149

文化廣場 P.151

解放大路

建平大路

普陽街

偽滿國務院舊址 P.148

長春電影城 P.149

長白山賓館 P.153

自由大路

安達街

人民大街

夢家屯站

延安大街

南湖公園 P.151

南湖大路

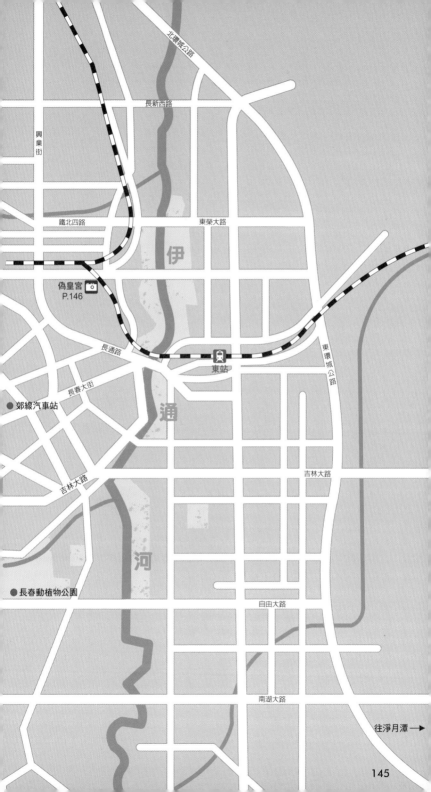

北環城公路

長新西路

興業街

鐵北四路　　　　東榮大路

伊

偽皇宮
P.146

長通路

東環城公路

長春大街

🚉
東站

●郊線汽車站

通

吉林大路　　　　　　　吉林大路

河

●長春動植物公園

自由大路

南湖大路

往淨月潭→

偽滿皇宮博物院

✉ 長春市光復路5號

➡ 搭乘公車80、264、225、114、256、276、287路到偽滿皇宮站下車

🕐 08:30～17:00(停止售票時間夏天16:20，冬天15:50)

📞 (0431)828-66611

💲 門票80元人民幣

http www.wmhg.com.cn

勤民樓

偽滿皇宮位於長春市的東北角，是清朝的末代皇帝溥儀在滿洲國當14年魁儡皇帝時的居所。皇宮分為東院與西院兩大部分，現在分別闢為偽滿皇宮陳列館與偽滿帝宮陳列館，兩館現在一起售票。偽滿皇宮從1984年開始對外開放，目前是吉林省的省級文物保護單位。

西院原來是吉黑権運局的所在地，以中和門為界，又分為內廷與外廷兩部分。內廷的主要建築寢宮緝熙樓，是溥儀與後宮妃子生活起居的地方。外廷的主要建築則有勤民樓、懷遠樓、嘉樂殿，是接待外賓與從事政治活動的場所。

就建築年代來說，溥儀主要居住的緝熙樓，由於原來是機關的辦公處所，建築時間也早，所以並不豪華。溥儀一直住在這裡，而沒有搬到後來興建的同德殿的

緝熙樓

偽滿皇宮博物院

同德殿

原因,據說是為了怕日本人的監聽。這裡也是婉容皇后、貴人文琇與譚玉齡的居住地;樓內也展出「溥儀和他的后妃們」與「勿忘九一八——東北淪陷展」等資料題材。

　　至於東院的主要建築同德殿,是1938年時日本人興建的皇宮,內部氣派輝煌,的確有帝國首府的氣派。這是一座和洋合璧的建築,裡面有豪華的大廳、會議室,還有溥儀的龍椅寶座與座車。目前2樓的一部分,還用來展出高句麗、渤海、遼、金等曾經統治東北異族的史料。

知識充電站

偽滿州國皇帝——溥儀

溥儀是於民國21年九一八事件之後,在日本人的安排下潛入東北,成為偽滿洲國的攝政。民國23年初,改滿洲國為滿洲帝國,溥儀自稱皇帝,年號康德,後於日軍戰敗東北時被捕。

偽滿國務院舊址

✉ 長春市新民大街126號
➡ 搭乘公車213、240、264、276、283路到吉大一院站下車
🕐 08:30～18:30
☎ (0431)856-48998
💲 免費

偽滿國務院舊址目前是作為吉林大學醫學基礎樓使用,有一部分闢建為博物館供人參觀,它也是當年滿洲國時期的八大政府建築之一。這座建築建於1935年6月,是仿照日本國會大樓外型建造。舊址外面有一棵溥儀手植的松樹,還有名醫諾爾曼·白求恩的雕像。

溥儀閱兵台

偽滿國務院舊址

偽滿國務院舊址內部陳列有滿洲國第二任總理張景惠的辦公室、末代皇帝溥儀閱兵台等偽滿14年的史料照片與病理標本展廳。其中張景惠的辦公室保留甚為完整,可以一窺滿洲國當時統治情形。舊址內部還有一部當年留下來的銅製電梯,雖然經過數十年光景仍然運作如恆;此外,還有滿洲國時期的錄影帶放映。

知識充電站

偽滿州國第二任總理——張景惠

張景惠當年與張作霖、張作相三人是稱霸東北的軍閥,被稱為東北三張,又因為他出身豆腐醬工廠,所以被戲稱為「豆腐醬總理」。

偽滿新皇宮—地質宮博物館

✉ 長春市解放大路吉林大學內
➡ 搭乘公車264、283、227、229、9、276路到吉林大學站下車
🕐 夏天 08:30～21:00
　　冬天 08:30～17:00
📞 (0431)885-02476
💲 20元

自九一八事件之後控制中國東北的日本帝國，原本以為扶植的滿洲國可以永久存在，所以設計了一座新皇宮；工程還未開始，滿洲國便已崩潰。1954年大陸根據原來的藍圖，建成這所建築，目前是吉林大學的一部分；建築的2樓闢為地質宮博物館，是大陸少見的以地質為主題的博物館。

館內分為科普廳與恐龍廳兩個展覽廳，其中科普廳內還細分為奇石展區、化石展區、寶玉石展區、隕石展區與礦物展區等。恐龍展廳內則有3具恐龍骨架化石、恐龍蛋、恐龍腳印化石等。

長春電影城

✉ 長春市正陽街92號
➡ 搭乘公車19、120、230、262、264路到長春電影城站下車
🕐 09:00～17:00
📞 (0431)876-28864
💲 門票120元人民幣

長春電影城建於1985年，占地29公頃，是大陸許多政策電影的拍攝地點，但是因為這些宣傳共產黨統治的電影，因為在台灣禁演，所以一般台灣觀眾並不熟悉。電影城內部最主要的參觀項目，是稱為電影大世界的建築，內部包括有電影實拍館、電影歷險宮、電影特技館、電影太空館、電影配音館與電影史料館等。此外還有仿古建築區、少數民族風景區、遊樂區等，這裡也是每年長春電影節的主要活動場地。

❶古城樓❷電影大世界❸電影科技館

淨月潭國家森林公園

✉ 長春市東南方淨月潭國家森林保護區內
➡ 搭乘公車102、120、160路，或搭乘輕軌3號線到淨月潭站下車
🕐 08:30～16:30
📞 (0431)845-18000
💲 門票30元人民幣，遊船另加30元人民幣

　　淨月潭潭水面積4.3平方公里，水壩蓄水之後，潭型似彎月因而得名，1988年時這裡被中共國務院批准為國家森林公園，目前是長春夏天避暑，與冬天滑雪的勝地。

　　淨月潭四周的森林當中，包含有30多個樹種，其中有黑松、落葉松、樟子松、雲杉、冷杉、榆樹等，蓊蓊鬱鬱翠綠一片。在積極的人工規劃之下，這裡有淨月廣場、滑雪場、森林浴場、沙灘浴場、水庫大壩、遊船碼頭、碧松淨月塔樓、狩獵場等設施；

碧松淨月塔樓

其中碧松淨月塔樓又稱關東第一塔，內部有電梯直上塔頂，可以鳥瞰整個淨月潭風景區。遊船碼頭旁有數艘遊艇，可以供遊人搭乘遊湖。

文化廣場

✉ 長春市解放大路與新民大街交叉口
➡ 搭乘9、104、156、221、229、240、264、283、288號公車到文化廣場站下車
🕐 全天開放

　　文化廣場原名為「地質宮廣場」，總面積20.6萬平方公尺，是大陸面積僅次於天安門廣場的廣場。廣場中央有一座立柱頂立的黃金太陽鳥雕塑，下方為一座張開雙臂的男性銅像，象徵長春市積極開放的氣象。廣場上還有草坪、鴿園、紅松林，是長春市內面積最大的集會空間，經常有文化藝術活動上演，廣場銜接吉林大學，背景是雄偉的地質宮。

南湖公園

✉ 長春市工農大路、延安大路與新民大街交叉口
➡ 搭乘62、120、159、270路公車到南湖公園站下車
🕐 全天開放
📞 (0431)856-64455

青春解放紀念碑

磁獅子

　　南湖公園占地200萬平方公尺，是長春市內最大的公園；相對於文化廣場的平坦開闊，南湖公園以湖面與森林為主。南湖的湖面廣闊，夏天可以泛舟、冬天可以滑雪，是市民休憩娛樂的重地。公園不時有各種活動，2002年又開始舉辦焰火彩燈精品博覽會，吸引眾多遊人前往參觀。

住宿情報

香格里拉大飯店

✉ 長春市西安大路569號
☎ (0431)889-81818
FAX (0431)889-81919
💲 標準雙人房人民幣1,180元起
http www.shangri-la.com/cn/changchun/shangrila
⭐ ★★★★★
🛏 458間
🍴 中西餐廳、咖啡廳、酒吧、商務中心、迪斯可舞廳、卡拉OK、商場、游泳池、健身房、三溫暖

飯店位於市中心商業區的西安大路上，鄰近市政府與長春百貨，交通與逛街都很方便。值得一提的是，香格里拉大飯店的宴會廳可以容1,100位來賓，是長春市裡規模最大的宴會廳。

吉隆坡大酒店

✉ 長春市西安大路823號
☎ (0431)889-62688
FAX (0431)889-86288
💲 高級客房人民幣380元起
http www.maxcourt.com
⭐ ★★★★
🛏 228間
🍴 中西餐廳、咖啡廳、酒吧、商務中心、游泳池、健身房、三溫暖

1999年底開業的吉隆坡大酒店，是由馬來西亞達南集團投資興建的酒店。酒店設施號稱準四星，不過硬體只有約三星的水準，地理位置與另一家五星級旅館香格里拉很接近。

樂府大酒店

✉ 長春市人民大街1078號
☎ (0431)820-90999
FAX (0431)827-15709
💲 單人標準間價330元人民幣起
⭐ ★★★★
🛏 169間
🍴 中西餐廳、咖啡廳、酒吧、商務中心、迪斯可舞廳、卡拉OK、商場、桌球室、三溫暖

長春樂府大酒店是長春市裡的第一家四星級設外旅館，地理位置面對勝利公園，鄰近省政府與

幾座大型的購物中心，逛街與交通都很便利。酒店是由樂府樓和鹿鳴樓兩部分組成，擁有各式客房。

金都飯店

✉ 長春市西安大路1077號
☎ (0431)884-82888
📠 (0431)884-82999
💲 單人房人民幣350元起
🌐 www.jljinduhotel.com
⭐ ★★★★
🛏 139間
🍴 中西餐廳、咖啡廳、酒吧、夜總會、卡拉OK、商場

　　長春金都酒店位於西安大路與康平街的交叉口，是一家大陸國內的四星級旅館，這裡的硬體設施普通，倒是裡面有一處「老歌酒吧」，提供一些著名老歌的演唱。

長白山航海賓館

✉ 長春市新民大街1448號
☎ (0431)855-88888
📠 (0431)856-42003
💲 商務間人民幣360元起
🌐 www.cbs-hotel.com/cbs
⭐ ★★★
🛏 269間
🍴 中西餐廳、韓式餐廳、音樂茶座、酒吧、商務中心、商場、游泳池、健身房、網球場、撞球室、三溫暖

　　賓館位於長春市內最大的南湖公園對面，環境清幽、交通方便；這是長春市內成立最早，也是規模最大的三星級涉外旅館。

淨月潭記者俱樂部

✉ 長春市淨月潭門裡西側
☎ (0431)845-14077
💲 標準單人房人民幣250元起
⭐ ★★★
🛏 27間
🍴 中西餐廳、會議廳、歌舞廳、卡拉OK

　　位於長春市郊風景區淨月潭內的記者俱樂部，是由長春報業集團所投資興建的多功能三星級旅館。淨月潭是因為興建水庫才形成的人工湖，四周森林茂密，景色宜人。記者俱樂部裡有一家水準不錯的餐廳，如果有意投宿在淨月潭裡，這是一家水準還不錯的旅館。

東北旅遊黃頁簿

Travelling in Northeast China

前往與抵達
DEPARTURE & ARRIVAL

簽證

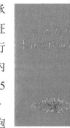

中華民國護照不被承認，所以必須申請台胞証 (台灣居民往來大陸通行證)。台胞證可以透過國內旅行社申請，有效期限5年；使用時必須蓋印簽注，每次有效期限3個月。台胞證加簽可以透過台灣旅行社辦理，或在上班時間於大連、瀋陽、哈爾濱機場台胞證櫃檯辦理加簽，加簽時需備有效期3個月以上的台胞證與照片，費用人民幣100元。

台灣居民赴大陸如果需要居留3個月以上，須向當地公安局申請辦理暫住證；不辦理暫住證者，會被處以警告或100元以上、500元以下人民幣的罰款。

入境

目前台灣人與香港人入境大陸時，攜帶台胞證與歸鄉證不需填寫入境登記卡、出境登記卡與入境檢疫申明卡，但如攜帶物品需要申報，則需填寫攜帶物品申報單。

海關

1.在大陸入境必須填寫入境登記卡與入境檢疫申明卡，出境時需填寫出境登記卡。

2.入境與出境時最多可攜帶6,000元人民幣，非大陸人民入境最多可攜帶5,000元美金或等值現金，超過部分必須申報。入境旅客可以攜帶相機、手提收錄音機、攝錄影機與手提電腦各一台。

3.境外居民入出境時，可免稅攜帶400支香菸與兩瓶750公升的含酒精飲料及50公克以內的黃金飾品。

4.嚴禁入口物品包括毒品、槍械軍火、偽鈔與任何可影響大陸政治、經濟、道德與統治體制的印刷品、錄影帶、相片等。此外，還包括任何足以洩漏國家機密的印刷品、未經許可的古董文物、瀕臨絕種的植物等。

5.搭乘飛機必須繳納機場稅，國際線是每次90元人民幣，國內線50元人民幣。

小記：如果要攜帶古董文物出境，必須檢附「文檢」標章。

台灣駐外機構

目前大陸堅持一個中國政策，所以中華民國在大陸沒有正式或非正式的駐外機構，但是在東北各大城市的台商組織有台商協會，聯絡方式如下：

大連市台資企業協會
📞 (0411)825-89186、(0411)825-89183

瀋陽市台資企業協會
📞 (024)825-11152、(024)825-11151

長春市台資企業協會
📞 (0431)852-17589、(0431)852-83831

哈爾濱市台資企業協會
📞 (0451)848-36598、(0451)848-06598

生 活 資 訊
BEING THERE

氣候

東北地區是屬於寒帶與亞寒型氣候，四季分明，氣候因所在城市不同而有所區別。遼寧省靠海，是屬於東亞季風型氣候，哈爾濱處內陸，為大陸型氣候。不過相同的是冬天都會下雪，且平均氣溫低於攝氏零下的時間都在3個月以上，所以冬天前往東北，禦寒的衣物絕不可少。相對的，夏天的平均氣溫只在20多度，非常適合避暑。

大連平均氣溫、降雨量與降雨天數 (氣溫為攝氏)

城市	1月	2月	3月	4月	5月	6月	7月	8月	9月	10月	11月	12月
氣溫	-4.9	-3.4	2.1	9.1	18.5	19.4	23.0	20.9	20.6	13.6	5.8	-1.3
降雨量公厘	7.6	7.7	12.5	35.8	43.9	86.1	175.6	153	68.5	35.6	21.6	10.5
降雨天數	3.7	3.0	4.1	5.8	6.7	9.4	13.1	10.6	7.2	5.5	5.3	4.1

瀋陽平均氣溫、降雨量與降雨天數 (氣溫為攝氏)

城市	1月	2月	3月	4月	5月	6月	7月	8月	9月	10月	11月	12月
氣溫	-12.7	-8.6	-0.3	9.1	17.0	21.4	24.6	23.7	17.2	9.6	-0.3	-8.7
降雨天數	4.5	3.6	4.8	6.7	9.1	11.5	14.6	12.5	9.1	6.9	5.2	3.8

長春平均氣溫、降雨量與降雨天數 (氣溫為攝氏)

城市	1月	2月	3月	4月	5月	6月	7月	8月	9月	10月	11月	12月
氣溫	-16.9	-13.0	-3.8	6.7	15.0	20.0	22.9	21.6	14.9	7.1	-4.1	-12.9
降雨天數	6.4	4.1	5.7	6.8	10.0	13.8	16.9	13.7	9.9	7.2	5.2	4.8

哈爾濱平均氣溫、降雨量與降雨天數 (氣溫為攝氏)

城市	1月	2月	3月	4月	5月	6月	7月	8月	9月	10月	11月	12月
氣溫	-19.7	-15.4	-4.8	6.0	14.3	20.0	22.8	21.1	14.4	5.6	-5.7	-15.3
降雨量公釐	3.7	4.9	11.3	23.8	37.5	77.9	160	97.1	66.2	27.6	6.8	5.8
降雨天數	6.2	5.6	5.7	6.9	10.4	12.9	15.6	12.6	11.2	2.3	5.5	6.3

時差

格林威治時間加8小時,與台灣沒有時差。

電壓

大陸的電壓是220伏特,50周波。台灣的電壓是110伏特,所以台灣帶來的電器必須進行變壓才能使用。

語言

普通話(相當於台灣的國語)

小費

大陸東北的餐廳、計程車、飯店一般不用給小費,有些地方服務費直接加在帳單之中不用另外給付,不過如果顧客慷慨希望多給一些小錢,一般人也不會拒絕。

信用卡

信用卡在大陸東北除了一些專門接待外國遊客的旅館與大型 貨公司之外,使用並不普遍,目前交易仍然以現金為主。不過由於現代化的商場近幾年越開越多,所以接受信用卡的商家也在增加之中。

貨幣

使用幣別為人民幣,可在機場、飯店與外匯銀行兌換。若干地方有黑市,可以兌換外幣現鈔,但是信用沒有保障,拿到假鈔的機率大。在合法的機構兌換,美元旅行支票的匯率要比現鈔好,目前1美元約可兌換6.3元人民幣,新台幣不可直接兌換。

此外依照大陸法律,私自兌換人民幣是違法行為,如遭查獲會被沒收非法所得,或處以違法外匯等值以下的罰款,或者罰、沒並處。

人民幣通貨包括紙幣,面額有100元、50元、20元、10元、5元、2元、1元、5角、2角與1角,目前1元以下紙幣較不常用;硬幣面額包括1元、5角、1角、5分、2分與1分,其中「分」的單位沒有 買價值,純粹為支付消費稅之用。

電話

大陸東北的公共電話分為投幣式與插卡式兩種,一般市內通話費率是5分鐘1元,長途電話每分鐘8角~1元,公共電話的市內通話費是每分鐘1元5角。

電話卡面額分30、50元與100元等多種,可以在旅館、機場、郵電局、通訊行或某些雜貨店買到。

電話卡

Travel Information

常用電話號碼

市內電話查號台	114
匪警	110
火警與緊急求助	119
交通事故	122
急救電話	120
報時台	117
天氣預報	121
國際長途電話掛號台	115
長途電話查號台	174

公廁

東北的一般街道上目前不容易看到公廁，旅遊景點內的公廁，部分有人看管。如有收費，每次使用費用2～3角，男女同價，設備簡陋，許多人仍然沒有關門的習慣。

航空與交通
TRANSPORTATION

國際機場

東北國際機場的海關申報和中正機場一樣，採紅、綠線通關，需要申報入境物品的旅客走紅線通關，不需要申報的旅客走綠線。在大陸機場搭乘飛機必須繳納機場稅，國際線是每次90元人民幣，國內線50元。

大連周水子國際機場

(0411)838-86699
http www.dlairport.com

大連的空運門戶是周水子國際機場，周水子機場距離市區約15公里，搭乘計程車很方便，因為距離不遠，所以都是跳表計費，費用在30～40元人民幣之間。

哈爾濱太平國際機場

(0451)828-94220

哈爾濱的空運門戶是太平國際機場。太平國際機場距離市中心約46公里，目前有機場巴士營運，至於搭乘計程車可以講價，費用在100～200人民幣之間。

瀋陽桃仙機場

(024)893-92000
http tx.lnairport.com

目前東北的大連、哈爾濱與瀋陽和台灣都有空運的直航服務，瀋陽的空運門戶是桃仙國際機場，這也是東北主要的大型機場之一。桃仙機場距離瀋陽市區20公里，除了機場巴士與計程車之外，桃仙機場與瀋陽市區的地鐵線也在興建之中。桃仙機場到瀋陽市區計程車費約60元人民幣左右，但是瀋陽機場計程車司機要價不一，以往時常引起衝突，近年當地警方也在加強管理改善中。

鐵路運輸

除了空運之外，鐵路運輸也是進出東北各大城市的重要管道。目前大連、瀋陽、長春與哈爾濱之間，有便捷的鐵路網連接，不過鐵路班車席位時常很吃緊，最好都提前購買，以免到時候沒有座位。東北的火車可以大致分為軟臥、軟座、硬座三個等級，不過行車速度依車種而不同，目前在東北大城市間速度最快的列車是高速鐵路「和諧號」，車票可以在各地火車站購買，也可以透過一些大陸本地的旅遊網站購買。東北高鐵的火車票比起飛機票要便宜一點，而且又頗為準時，因此也受到許多自助旅行者的青睞。

長途巴士

目前東北三省各主要城市之間的高速公路網已修築完成，在東北四大城市的火車站附近，常有長途巴士的發車站，是除了火車之外的另一種選擇，而且行車速度也很快。

計程車

陸人稱呼計程車為「出租車」或「的士」，這是一般遊客遊覽東北各大城市時最常使用的交通工具。大連、瀋陽、長春與哈爾濱4個城市的計程車費用都不相同，分別條列如下：

大連
計程車起跳價格　8元/3公里
後續價格　2元/每公里

瀋陽
計程車起跳價格　8元/3公里
後續價格　1元/550公尺

長春
計程車起跳價格　5元/2.5公里
後續價格　1元/500公尺

哈爾濱
計程車起跳價格　8元/3公里
後續價格　1.9元/每公里

小記：計程車在城市內行駛時，以跳表計費，長程或全日包車可以講價，有時候也會徵收燃油附加費。

公共汽車與電車

東北四大城市的公共汽車四通八達，是廉價方便的交通工具。此外2012年瀋陽的地鐵已經開通兩條線，其他大連、哈爾濱與長春的地鐵系統都在建設中，而大連有兩條已經營運的高架與平面的快軌系統，未來也將整合到地鐵系統中。

瀋陽地鐵車票

旅行小抄

東北也有叮叮車？

大眾交通系統中，大連與長春還有20世紀初年保存下的古樸有軌電車在行駛，大連的有軌電車分別是201與202路，長春則是54路。老式的有軌電車行駛速度雖然不快，但是沿路叮叮登登也很有趣味，許多遊客還特地來搭乘體驗一番。不過大連的有軌電車路線中，有些列車已經改為現代化的車輛，搭乘時比較沒有古味。

大連的老式有軌電車

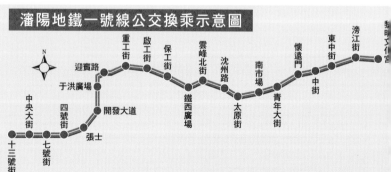

瀋陽地鐵一號線公交換乘示意圖

N

中央大街　十三號街　七號街　四號街　張士　開發大道　于洪廣場　迎賓路　重工街　啟工街　保工街　雲峰北街　鐵西廣場　沈州路　太原街　南市場　青年大街　中街　懷遠門　東中街　灣江街　東中街

中 國 大 陸 的 假 日

中國大陸的休假日與台灣不同，其中春節、勞動節與國慶日都連放三天假，再加上實施週休二日，所以這三段時間常會串成一個禮拜的長假，是大陸國內旅遊的旺季，許多旅館、飛機、火車都會客滿或調高價格。因此除非必要，盡量不要在這三段時間旅遊，以免遇上人潮。大陸休假日如右：

1月1日	新年
農曆1月1日	春節(休假3天)
農曆1月15日	元宵節
3月8日	婦女節
5月1日	勞動節(休假3天)
5月4日	青年節
6月1日	兒童節
農曆5月5日	端午節
8月1日	建軍節
農曆8月15日	中秋節
10月1日	國慶日(休假3天)
農曆9月9日	重陽節

常 用 俗 語 對 照 表

打的 → 搭計程車
蹦的 → 跳迪斯可
練歌房 → 台灣的MTV
砍大山 → 聊天
砍價 → 殺價
宰人 → 坑人
叫早 → 旅館的Morning Call
愛人 → 配偶

師傅 → 計程車司機的敬稱
領導 → 部門主管
人民 → 民眾
索尼 → 日本的新力牌電器
甩賣 → 大拍賣
高檔 → 高價位
土豆 → 馬鈴薯
幼兒園 → 幼稚園

打白條 → 用白紙寫成發票的憑據
吃乾飯 → 人在其位而不做事
擺臺子 → 擺場面、擺闊
沒事兒 → 不客氣、沒關係
擺大款 → 擺場面、充面子
信息工業 → 資訊工業
摸著石頭過河 → 走一步算一步

東 北 常 用 俗 語

洗海澡 → 到海水浴場游泳
滑旱冰 → 玩直排輪鞋
走一杯酒 → 喝一杯酒
膽肥 → 膽大
當盤菜用 → 受到重用

乾淨 → 可以用來形容女子美麗
磨機、黏糊 → 拖拖拉拉、囉囉唆唆
東北人都是活雷峰 → 雷峰是大陸以前的樣板英雄，這裡表示東北人正直豪爽的意思

標呼呼 → 形容人很愚笨
晚霞子 → 襯衫
翠花 → 餐廳服務生
打況兒 → 情人

簡 體 字 與 繁 體 字 對 照 表

无 → 無
书 → 書
马 → 馬
农 → 農
过 → 過
头 → 頭
乐 → 樂
业 → 業

叹 → 嘆
发 → 髮
乡 → 鄉
进 → 進
盐 → 鹽
闵 → 關
园 → 園
达 → 達

电 → 電
开 → 開
广 → 廣
厂 → 廠
币 → 幣
个 → 個
宾 → 賓
华 → 華

过 → 過
车 → 車
术 → 術
办 → 辦
节 → 節
飞 → 飛
妇 → 婦
汉 → 漢

丰 → 豐
义 → 義
几 → 幾
儿 → 兒
云 → 雲
叶 → 葉

159

個人旅行 *42*

大連‧哈爾濱 附長春‧瀋陽

文　　字	陳玉治
攝　　影	陳玉治

總 編 輯	張芳玲
主　　編	黃馨卿
特約編輯	劉曉菁
修訂編輯	徐湘琪
美術設計	王佩于、許志忠
封面設計	許志忠
地圖繪製	許志忠、王佩于

太雅出版社
TEL：(02)2836-0755 FAX：(02)2831-8057
E-MAIL：taiya@morningstar.com.tw
郵政信箱：台北市郵政53-1291號信箱
太雅網址：http://taiya.morningstar.com.tw
購書網址：http://www.morningstar.com.tw

發 行 所	太雅出版有限公司
	台北市111忠誠路一段30號7樓
	行政院新聞局局版台業字第五○○四號
承　　製	知己圖書股份有限公司
	台中市407工業區30路1號 TEL: (04)2358-1803
總 經 銷	知己圖書股份有限公司
	台北公司 台北市106羅斯福路二段95號4樓之3
	TEL: (02)2367-2044 FAX: (02)2363-5741
	台中公司 台中市407工業區30路1號
	TEL: (04)2359-5819 FAX: (04)2359-5493
郵政劃撥	15060393
戶　　名	知己圖書股份有限公司
廣告刊登	(02)2836-0755太雅廣告部
	E-mail: taiya@morningstar.com.tw
二　　版	西元2013年1月10日
定　　價	300元

(本書如有破損或缺頁，請寄回本公司發行部更換；或撥讀者服務部專線 04-2359-5819)

ISBN 978-986-6107-83-2
Published by TAIYA Publishing Co.,Ltd.
Printed in Taiwan

國家圖書館出版品預行編目(CIP)資料

大連.哈爾濱 ： 附長春.瀋陽 ／ 陳玉治文字.攝影.
-- 二版. -- 臺北市：太雅, 2013.01
面 ； 公分. --（個人旅行 ； 42）

ISBN 978-986-6107-83-2(平裝)
1. 旅遊 2. 遼寧省 3. 黑龍江省 4. 吉林省

674.06　　　　　　　　　　　　101024321